U0099916

真種花者

邢義田訪談錄

口述　邢義田

筆錄　馬增榮

1977 年與妻維紅（右）攝於夏威夷大島

從夏威夷大學的 Hale Manoa 宿舍所見歐胡島鑽石頭山

1978 年攝於意大利羅馬文明博物館（Museo della Civiltà Romana）

1978 年攝於德國美茵茲的羅馬－日耳曼中央博物館（Romisch-Germanische Zentralmuseum Mainz）

1979 年與費孝通（中），攝於夏威夷。

1978 年攝於梵蒂岡美術館（Musei Vaticani）

2002 年 11 月與徐蘋芳（左）合照於徐公館

1987 年楊聯陞先生贈書

2008 年參觀敦煌地區漢代烽隧，自左至右：邢義田、劉樂賢、黎明釗、侯旭東。

2008 年參觀以色列羅馬海港凱撒利亞（Caesarea）供水道遺跡

2008 年參觀以色列誇蘭（Qumran）死海經卷出土地，與同行學者合影。

2010 年與臺大學生參觀山東嘉祥武氏祠

2013 年 2 月 27 日，臺大歷史所同學上課參觀史語所庫房工作室。

史語所漢簡小組，攝於 2013 年 3 月 15 日。

目錄

第三章

新時代的挑戰與回應

日期 |

2019 年 6 月 24 日至 25 日

地點 |　　　　　　　被訪者 |　　　訪問者 |

臺灣中央研究院　　　邢義田　　　馬增榮

歷史語言研究所

邢義田教授研究室

邢 —— 邢義田　　馬 —— 馬增榮

第一章

家庭、求學和師友雜憶

1　從藝術少年到歷史系學生

馬　邢教授是在哪裏出生？甚麼時候移居臺灣？

邢　我是 1947 年在貴州遵義出生，1949 年來到臺灣。

馬　您對中國大陸還有記憶嗎？最早的記憶是甚麼？

邢　沒有，當時我才兩、三歲。最早的記憶就在臺灣新竹。抗戰
結束後，父親考取陸軍大學，預備上大學。陸軍大學在南
京，弟弟就在南京出生。1949 年，我們一家從大陸搬到臺
灣。當時父親得了肺病，患肺病的人要跟別人隔離。我們一
家無處可去，幸而新竹高峰里圓光寺的住持達文師收留了我
們。圓光寺是一座新竹市郊小山丘上的尼姑庵，我們住進庵
旁廚房分隔出來的房間裏。當時陪父親養病的還有我叔叔。
達文師一生熱心公益，2012 年圓寂，享年八十三歲。

　　我最早的記憶就是在新竹。在庵裏跑來跑去，到山上的
竹林玩，用竹葉造條小船順山上的小溪飄流而下。大概兩年
吧，父親病好了，要繼續陸軍大學的學業。陸軍大學已遷到
臺北大直，我們家也搬到臺北離臺北大橋不遠的眷村 —— 明

德新村。父親畢業後，留在學校當教官，一度到其他單位任
職，後來又回到大學，一直到退休為止。

馬　我記得您曾經説過，您的父親很喜歡讀書，媽媽則會畫畫，
這樣的家庭環境對您的影響有多大呢？[1]

邢　我覺得影響很大！家父年輕時學英文，有一本中英對照的《泰
西五十軼事》，有文有圖。我小時候就拿它當圖畫故事書看，
記得其中有瑞士傳説中神射手威廉‧泰爾（William Tell）射蘋
果的故事。當時中英文都看不懂，喜歡看配圖。配圖很美，
引發了我對圖畫的興趣。這大概就是所謂的潛移默化吧。您
看，那幅山水人物是我在臺大讀書時畫的（指向書櫃上的一
幅畫）（圖 01）。

馬　您從小就對藝術有興趣嗎？

邢　我喜歡畫畫（笑）。[2] 小學在學校幫忙畫壁報，中學參加美術社
的活動，素描石膏像，畫水彩畫，我都很喜歡。母親是家庭
主婦，家務之餘，除了刺繡以貼補家用，晚上在臺灣師範大
學的夜間部學國畫（圖 02），拜過張德文（1919-1999）、孫
家勤（1930-2010）、鄭月波（1907-1991）、喻仲林（1925-
1985）、傅狷夫（1910-2007）、金勤伯（1911-1998）、林玉山
（1907-2004）、黃君璧（1898-1991）等名師，認識不少藝術

1　參邢義田，〈序〉，載氏著，《天下一家：皇帝、官僚與社會》（北京：中
　　華書局，2011）；謝偉傑、游逸飛、陳弘音訪談，郭楓、張怡然、陳弘音
　　整理，〈走在研究路上：邢義田教授座談會（2018.04.19）〉，《古今論衡》
　　33（2019），頁 173–184。
2　邢教授少年時代對於藝術的興趣，又參邢義田，〈自序〉，載邢義田編譯，
　　《古羅馬的榮光 I：羅馬史資料選譯》（臺北：遠流出版，1998）。

系的老師。高中快畢業，本來想考藝術系。有一次，母親拿我的水彩畫給某位老師看，說我這個兒子對藝術有興趣，請老師看畫得成不成（圖 03.1-2）。老師一看像個小孩畫的，就說：「這條路太苦了！有興趣很好，可以保持這興趣，但最好學別的，可以生活。」母親回來說，你不要考藝術系了。學藝術一定要天才，資質天分要夠。我想天分不夠，將來賣畫維生，真是很苦，就打消了唸藝術系的念頭。

馬　那您對歷史的興趣是甚麼時候開始的呢？

邢　來源很早，小時候愛聽故事。小學三到五年級時，郭瓊珠老師每天放學前都會講世界名著裏的故事，例如《基督山恩仇記》，非常著迷，每天都等著放學的時刻。這是我愛上故事的開始。真正的關鍵則是高中時代。我在臺北的成功中學遇到

03.1

1966 年大二時的自畫像

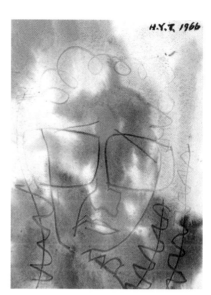

03.2

1966 年臺大醫院寫生練習

非常好的歷史老師。

馬　是您提過的于鴻霖先生（1919-1984）（圖04）嗎？[3]

邢　對對。于老師是遼寧本溪人，國立東北大學歷史系畢業，師事藍文徵先生（1901-1976）。于老師上課根本不必看課本（笑），講課很自然，像在說故事，很吸引人。除了上于老師的課，我喜歡看課外書，不一定是歷史，也有中外小說，例如《三國演義》、《水滸傳》、《西遊記》、西洋翻譯小說《基督山恩仇記》、《俠隱記》、《雙城記》、《少年維特的煩惱》，非常吸引我。當然還有當代小說如王藍（1922-2003）的《藍與黑》、楊念慈（1922-2015）的《廢園舊事》等等。這些都引發我對歷史的興趣。

馬　我聽老師們說，當時從中國大陸到臺灣、香港的中學老師，他們的國文、歷史水平都非常高，有些是有資格去教大學的。

邢　確實如此。我的中學國文老師有很多是名作家、詩人。隔壁

3　謝偉傑等，〈走在研究路上〉，頁4。

班的一位老師是現代詩著名詩人路逾（1913-2013），筆名紀弦。我的國文老師是祝豐（1921-2003）（圖 05），是作家和文學評論家，筆名司徒衛，也是報紙副刊的主編。後來我當兵時，讀《資治通鑑》，祝老師曾邀我在他的副刊上寫方塊文章，每周一篇。我利用《資治通鑑》裏讀到的人物事跡改寫成今人可讀的故事，寫了幾個月。

馬　您報讀大學時的第一志願是甚麼呢？

邢　藝術不能唸，父母說要唸一個比較容易找工作、賺錢的。那時候大學聯合考試，分文科、工科、理科和生物科，我考的是文科。文科分數比較高的是外文系（外國語文系），然後是中文、歷史。那時候還有商科，像經濟、國際貿易、工商管理，分數比較高。當時唸法律，分數不是最高，外文系分數最高，我填的第一志願是外文系。家裏希望我去學外文，將來好找工作。

馬　白先勇好像也是唸外文系的？

邢　對，外文系擁有許多名師如英千里（1900-1969）、侯健（1926-1990）、余光中（1928-2017）、顏元叔（1933-2012）、王文興、齊邦媛，也出了很多名作家，白先勇是其中之一。外文系曾編有一份在那個年代非常重要的刊物叫《中外文學》。但另有不少外文系學生，例如許倬雲、杜維運（1928-2012）和鄭培凱，後來或轉歷史系或轉行歷史成為名家。當時唸大學，要不然就去唸商科。我填的幾個志願，外文、商科等在前，歷史在後，但是考試分數剛好落在歷史，就進了歷史系。

馬　然後一輩子都是在研究歷史。

邢　我很高興啊！剛好就是自己喜歡的，分數如此，爸媽也沒話可說。要我做生意，那就完了；去唸外文，我的外文也不成啊（笑）！

2　臺大歲月

馬　在臺大歷史系，您最感興趣的科目是甚麼？

邢　剛進歷史系時，甚麼都不懂。高中時很喜歡歷史，但以為歷史就是些故事。大學選課，基本上是跟系裏的要求有關。那時候我們一定要修一些中國史和西洋史，還有一些社會科學，反正就是按照學校要求的課程去修讀。

馬　您是怎樣在修讀的過程中發展自己的興趣呢？

邢　跟老師很有關係。上某位老師的課，如果覺得有趣，有啟發，就會被吸引去讀那一方面的書，然後慢慢產生了興趣。我們的經驗應該差不多吧，沒有甚麼特別的（笑）。

馬　那時候的臺大很特別，同時有新舊兩批學者。像許倬雲教授是第一批出國回來的學者，也有從大陸到臺灣，很傳統的學者。您可以說說當時的情況嗎？

邢　我們那一代特別幸運。剛好傅斯年（1896-1950）等學者到臺灣，把一批優秀的學者帶到臺大。他們在歷史系、哲學系、考古人類學系或中文系任教，人文方面最好的老師都在這裏。當時的好處是容許學生在不同的系修課或旁聽。必修課以外，還有選修課，沒有限制，自由選讀。我旁聽或修讀

了很多考古人類學系和中文系的課。很多專書的課開在中文系，例如屈萬里先生（1907-1979）的《尚書》、何定生先生（1911-1970）的《詩經》。屈先生是國學大師，何先生曾在《古史辨》裏寫文章（笑），是顧頡剛（1893-1980）的弟子。名教授上課，吸引大家去旁聽。我旁聽過哲學系方東美先生（1899-1977）的課、陳寅恪（1890-1969）弟子徐高阮[4]先生（1911-1969）的課、中文系毛子水先生（1893-1988）的《論語》、王叔岷先生（1914-2008）的《莊子》和《劉子新論》、葉嘉瑩先生的宋詞、經濟系施建生先生（1917-2020）的經濟學。有些聽了一學期，有些聽了幾堂就放棄。

馬　當研究生時，您旁聽過其他系的課嗎？

邢　研究生課程內容較重，沒時間旁聽了。我研究生時除了語文課，都在歷史系修。但是有些研究所的課，不同系的研究生也可以去修，而且有些課是高年級的大學部學生跟研究生都可以一起修。

馬　您在碩士班最初讀隋唐史，後來改成秦漢史。[5]為甚麼會有這個轉變呢？與您的導師傅樂成先生（1922-1984）（圖 06）有關嗎？

邢　這是我自己的決定。我讀研究所是在當兵以後。臺灣男生要服一年的兵役。服役期間，我讀了《資治通鑑》（笑）。《資治通鑑》最重要的就是隋唐部分，那時候讀了就對隋唐史產生

4　徐高阮以寫〈山濤論〉著名。〈山濤論〉見《中央研究院歷史語言研究所集刊》41.1（1969），頁 87–125。

5　謝偉傑等，〈走在研究路上〉，頁 4。

興趣。服兵役前，我已考取研究所，打算服完兵役再唸研究所。因此，服兵役時就做些準備，唸一些書；服完兵役，跟傅老師唸隋唐史。上課讀了陳寅恪的著作，受到啟發，因此寫下〈契丹與五代政權的更迭〉一篇課堂報告，傅老師覺得不錯，後來交《食貨月刊》發表。[6]

我最感興趣的是唐朝跟回紇、突厥、吐蕃、朝鮮等外族的關係。碩士論文原來要寫唐代的邊防政策，計劃都已經跟傅老師談好。當時曾讀了余英時先生（1930-2021）的 *Trade and Expansion in Han China* 和王賡武先生的 *The Structure of Power in North China during the Five Dynasties*。[7]直到現在，我仍對中國

6　邢義田，〈契丹與五代政權更迭之關係〉，《食貨月刊》1.6（1971），頁296-307。

7　Ying-Shih Yü, *Trade and Expansion in Han China: A Study in the Structure of Sino-Barbarian Economic Relations* (Berkeley: University of California Press, 1967); Gungwu Wang, *The Structure of Power in North China during the Five Dynasties* (Stanford: Stanford University Press, 1967).

跟域外的關係感興趣。

　　為了寫論文，讀新舊《唐書》、新舊《五代史》時，發現唐朝官員在朝廷上議論如何對付新羅、百濟、吐蕃、回紇時，經常引用漢朝的典故，討論漢朝如何對付匈奴。大學時雖讀過一點秦漢隋唐史，但很少讀原典，知道得很少。我覺得如果沒有真正下過功夫讀四史，不但無法掌握唐朝人引用典故的意思，更無法了解他們為何根據某一典故討論唐代的某項政策。因此，我跟傅老師商量，如果只讀唐代史，感覺「底氣」不足（笑），想要先加強自己秦漢史的知識。他說：「也對！」我就開始讀秦漢史了。秦漢史是另外一個世界，前四史引人入勝。在碩士班的最後一年，為了及時畢業，我改了題目。漢代的對外政策有很多方面，於是收窄題目，僅談對外政策中的「以夷制夷」策略。[8]

馬　我在一些地方讀到，邢教授提到要研究一個時代，就要先知道那時代之前的一個時代。這樣，可對要研究的時代有比較全面的把握。[9]

邢　對。現在回想幸好唸了秦漢史。實際上，我在唸隋唐史的時候，也讀了些魏晉南北朝史的書。當時覺得跟隋唐最有關係就是魏晉南北朝，無奈更早的秦漢，一時讀不過來。再一想幸好唸了隋唐和魏晉南北朝史。後來考慮秦漢的問題，有些思考的框架自然而然不限於秦漢。大學時曾上李濟（1896-

---

8　此文後修改成邢義田，〈漢代的以夷制夷論〉，《史原》5（1974），頁9-54。

9　邢義田，〈序〉，載氏著，《秦漢史論稿》（臺北：東大圖書，1987）。

1979）和許倬雲老師合開的中國上古史，其實就打下了先秦史的基礎。剛才說過，我喜歡讀《尚書》、《詩經》、《左傳》，以及各種諸子書，《老子》、《韓非子》、《荀子》、《墨子》等書，一本接一本。如此我對秦漢前後的時代都不太陌生。這些都是後見之明，當初並沒有計劃或覺悟到我亂唸一通，最後能貫串起來。

馬　其實，您本來就對秦漢有興趣，對嗎？

邢　我都很有興趣。大學時興趣廣泛，歷史理論、社會科學、哲學，甚至心理學、經濟學的書都看。那時校園裏非常流行存在主義，大家都如醉如癡地讀卡繆（Albert Camus, 1913-1960）、沙特（Jean-Paul Sartre, 1905-1980）等大師的書，不讀就好像落伍。老子（約前 571-約前 471）、莊子（約前 369-前 286）和唐代和尚寒山、拾得等人被奉為存在主義在中國的先驅，我讀這些和那時的風氣很有關係。教我理則學的陳鼓應老師以存在主義解讀莊子，一度風靡校園，我隨流行讀了些老、莊。

　　我的同窗好友黃俊傑喜歡孟子（約前 372-約前 289）、老、莊和佛學，我們常一起討論，但佛經實在不合脾胃，沒跟上。現在回想，有先秦典籍的基礎，對讀秦漢史幫助非常大。我腦中從先秦到唐代有了一個大致整體的印象。此外，有一年我在考古系，每個周末聽臺北故宮博物院的李霖燦（1913-1999）老師講中國藝術史。他用幻燈片介紹博物院珍藏的名畫，以唐宋明清為主。他也率同學到博物院去參觀，親自解說，非常享受。從宋至明清民國，雖曾上過姚從

　　吾（1894-1970）、札奇斯欽（1915-2009）、蕭啟慶（1937-
　　2012）、陶晉生、夏德儀（1901-1998）和李守孔（1923-2014）
　　等先生的課，東西太多，讀過的太少，僅有些片斷粗淺的常
　　識而已。「漫羨而無所歸心」大概是我那時的學習狀態。

馬　其實這就是我問上述問題的原因。我在看邢教授的文章時，
　　發現您的重心雖在秦漢，但討論的問題不限於一個時代，也
　　不限於中國，這可能跟您在大學接受的教育有關係吧？

邢　對，很有關係。那時許倬雲老師幾乎每一年都從國外請一些
　　學者來臺大歷史系開課。不一定是中國人，很多是洋人。像
　　研究宋代法制史的馬伯良（Brian E. McKnight），及以社會學
　　理論研究中國古代史馳名的艾伯華（Wolfram Eberhard, 1909-
　　1989），先後來校當客座教授。師從人類學大師克魯伯（A. L.
　　Kroeber, 1876-1960）的黃文山先生（1898-1988）這時也到
　　臺大客座講文化學體系，聽者滿坑滿谷。他們客座一個學期
　　或一年。我讀大學和研究所的時候，幾乎每年都有機會接觸
　　這些從國外來的老師。他們帶來很多跟社會科學或中國史有
　　關的新想法。許倬雲老師在這方面的貢獻很大。

馬　您在一篇文章提到，當時社會科學的理論非常流行，但後來
　　反思，中國史研究還是不能過度依賴社會科學的理論。[10]

邢　讀大學的時候，我非常沉迷於社會科學和種種流行的史學理

10 邢義田，〈變與不變 —— 一個史語所歷史學徒的省思〉，收入本書附錄，
　　原載史語所編輯委員會，《中央研究院歷史語言研究所七十五周年紀念文
　　集》（臺北：中央研究院歷史語言研究所，2004），頁 141-160；又見於
　　《當代》200（2004.4），頁 56-69。

論，還試著套用社會科學的理論寫論文。印象最深的是我修考古人類學系芮逸夫老師（1898-1991）（圖07）的文化變遷課，課中報告寫了一篇談隋唐府兵制，就是套用社會科學的涵化理論。[11]也跟芮老師上過行為科學課，厚厚的英文教科書中將人的行為變成可以計算的量表，當時覺得新鮮有趣。研究所時代的陶晉生老師也鼓勵大家學習社會科學。陶老師也

07
芮逸夫老師

是我碩士論文指導老師之一（圖08）。在進史語所工作前後，參加許倬雲和毛漢光主辦的中國社會經濟史暑期研習營，曾試著以人數統計為基礎，分析漢代孝廉的身分和地域背景，[12]寫作

08
2011年5月7日與陶晉生師（右）同訪香港中文大學時攝

11　邢義田，〈從涵化觀點看府兵制〉，《史繹》6（1969），頁1–13。

12　邢義田，〈東漢孝廉的身分背景〉，載許倬雲、毛漢光、劉翠溶主編，《第二屆中國社會經濟史研討會論文集》（臺北：漢學研究資料及服務中心，1983），頁1–56。修改後收入氏著，《天下一家》，頁285–354。

快成篇時，即覺悟到用人數統計並不能得到甚麼比「細讀」史料更好的結論。發表這篇習作後，我離開了「計量史學」那一套，也決定將社會科學放在今後讀書的較後端。

來自西方的社會科學和史學理論不是沒有好處，好處是可以自不同角度刺激思考和提問。但以中國古代史而言，我感覺如何正確解讀史料，應該更為根本。古代史史料太少、太片斷又不易確實掌握其意義，即便能套用理論去提問，多半沒有材料可以回答，能藉理論深化認識的更為有限。稍一不慎，生搬硬套，削足適履的毛病就上身。我據涵化理論談府兵制，用計量方法分析孝廉問題，都是活生生的例子。這些經驗和覺悟，使我不想再賣弄理論。[13]

3　走出中國

馬　研究所畢業以後，為何打算出國留學？與從國外回來的許倬雲教授有關係嗎？

邢　主要跟當時臺灣大學的風氣有關。我們歷史系班上，男生要留下來當兵，女同學成績好的幾乎都出國了。

馬　是在七十年代？

邢　在六十至七十年代。我是 1965 到 1969 年讀大學。那個時候，大家都拼命要出國。有句順口溜：「來來來，來臺大，去

13　邢教授對當時臺灣史學趨勢的親身經驗和反思，又參邢義田，〈總序〉，載邢義田、黃寬重、鄧小南總主編，《臺灣學者中國史研究論叢》（北京：中國大百科全書出版社，2005），頁 1–5。

去去，去美國」。去美國的最多，其他如歐洲和日本也有。

馬　您想過去歐洲或日本嗎？

邢　沒有。這牽涉語文問題。我們在大學主要學英語，去美國比較方便。去歐洲如法國、德國，還要學別的語文，去日本則要學日語，比較困難。我在大學時修過日語、德語，可是都不夠用。還是申請美國比較方便，又有獎學金，何況那時很多同學都已經去美國了，很容易受他們影響。

馬　那個時候就是一個風氣。

邢　對。就是一個風氣！沒有甚麼道理可言（笑）。

馬　可是您學羅馬史，非常特別。

邢　對。我們在大學、研究所的時候有很多外國史的課程，也有一些從國外回來教我們西洋史的老師。讀碩士班時，許倬雲老師從美國請回蔡石山老師教我們西洋史（圖09）。我上他的西洋史學名著選讀，全用英文教材。大學時期，雖然修了一些西洋史，用的都是一般中英文教科書。蔡老師的課全用英譯原典，跟他讀了希羅多德（Herodotus，約前484-約前425）、修西底德（Thucydides，約前460-約前400）、塔西佗

09
蔡石山老師

（Tacitus, 56-120）、但丁（Dante Alighieri, 1265-1321）《神曲》（*La Divina Commedia*）、布耳卡爾特（Jacob Burckhardt, 1818-1897）的《意大利文藝復興時代的文化》（*The Civilization of the Renaissance in Italy*）等西洋古典名著。蔡老師僅

要求選讀片斷，但有不少書我從頭讀到尾，覺得很有趣，非常喜歡。我深切認識到中國以外，世界原來有很多偉大的文明，像埃及、兩河流域、希臘和羅馬等等。很不一樣，非常吸引我。因此，我一直想走出中國。

馬　您到美國就是一心想學中國以外的東西？

邢　對，這是我當時的願望。剛才說過，有很多同學已經出國。他們到美國幾乎都是唸中國史。我覺得要唸中國史，倒不如在臺灣。臺灣當時的老師都很好，從上古一直到宋元明清，幾乎每一個時代都有最好的老師，美國學校一校之中反而沒有那麼齊全的師資。為甚麼不在臺灣學中國史呢？總之那個年代的氣氛就是外國的月亮比較圓，出國唸書幾乎是「有為青年」理所當然的選擇。

馬　您是最早到美國學羅馬史的臺灣人嗎？

邢　不是。在我之前，譬如教我希臘羅馬史的沈剛伯老師（1896-1977）早年在英國學埃及學。教我們西洋中古史、文藝復興史的王任光老師（1919-1993）是位神父，早年在美國唸神學，精通拉丁文。此外，教我十九世紀歐洲史的劉崇鋐老師（1897-1990）早年留美。大一教我們西洋通史的王曾才老師（1935-2020）是留英的博士。同輩中的確很少人出國唸西洋古代史。但臺灣的輔仁大學以培養西洋史人才為主，有些輔仁同學出國唸西洋史，例如周樑楷去美國學史學史，跟隨史學史大師伊格爾斯（Georg G. Iggers, 1926-2017）。更多同學出國就轉行了，當時非常熱門的是唸圖書館學。您沒有想到吧？我有很多女同學改唸圖書館學，後來就留在美國的圖書館工作。

馬 是啊，我發現很多臺灣人在美國大學的東亞圖書館工作。我在美國留學的時候，學校的東亞圖書館員也是臺灣人。

邢 沒錯。例如臺大圖書館的一位先生，我唸大學時就認識，不知哪一年去了哈佛燕京圖書館（Harvard-Yenching Library）工作。二十年後，我到哈佛燕京學社（Harvard-Yenching Institute）當訪問學者（1986-1987），他還在哈燕圖書館。普林斯頓大學葛思德圖書館（Gest Library, Princeton University）的圖書館員中就有我的大學同班同學。那時風氣如此，後來就少了。女生也有出國唸歷史的，但真正留在史學界的幾乎沒有。我們班上的男生要當兵，當兵後多留在臺灣唸研究所，後來出國攻博士學位，再回臺灣的各大學歷史系所服務。

馬 蒲慕州教授也跟您一樣，到外國學西洋史。

邢 他比我晚很多屆，外文和家世都非常好，對西洋古史也有興趣。在我的年代，到外國唸羅馬史算是少數。可是，最近幾年，臺灣年輕人到國外唸西洋史的人數變多。他們到英國、法國、德國等地，學一些在我們那個年代覺得不太可能學到的歷史。我在臺大教書時，有一位學生到英國去讀拜占庭史，另有別人的學生到英國，一位研究埃及莎草紙文書，一位學古希臘陶瓶工藝製作，現在都拿到學位，回臺灣教書了。還有一位從臺灣去賓州大學（University of Pennsylvania）和希臘，學希臘、拉丁文和古典文學、歷史，現在在北京大學任職，很不容易。

馬 我聽說，您拿到夏威夷大學東西中心（East-West Center,

10

1979年與妻維紅合影於夏威夷大學漢彌爾敦圖書館前

University of Hawaiʻi）的獎學金，所以決定到當地留學。[14]

邢　在申請夏威夷大學之前，我已獲得多家大學錄取，包括華盛頓大學（University of Washington）、印第安那大學（Indiana University）和芝加哥大學（University of Chicago），可惜只有入學許可。另一家是匹茲堡大學（University of Pittsburgh），獲得教學助理獎學金（teaching assistantship）。

馬　就是許倬雲教授剛回到美國，到匹茲堡大學任教的時候？

邢　對！他那時候回美國不久，我剛從研究所畢業。申請學校不可能只申請一家。匹茲堡大學有許倬雲老師，所以就申請了，而且拿到了教學助理獎學金。奈何當時家裏很窮，沒拿到全額獎學金，沒錢買飛機票。因此，我放棄了匹茲堡大學

14　謝偉傑等，〈走在研究路上〉，頁5。

的獎學金。放棄的另一個原因是杜維運老師介紹我到政治大
學歷史系教書，當時碩士論文都還沒真正交出就有了工作機
會，太難得。因此先開始教書並結了婚（圖10）。教了兩年，
1974年夏威夷大學東西中心到臺灣招生考試。申請美國大
學，一般要把資料寄到美國去。夏威夷大學東西中心鼓勵東
西方國家之間的交流，跟臺灣教育部有一個聯合獎學金，在
臺灣招生，東西中心派人來和教育部一起評選，評核方式包
括口試和筆試。文科博士只有一個名額，我僥倖考取。這是
四年的獎學金，非常罕有。這個獎學金包括來回機票，把所
有問題都解決了。我很感謝政大允許我保留職位，請長假出
國讀書。因此，我在夏威夷大學一定要在時限內取得學位，
要不然，就會失去原有的工作。最後我用了五年完成學位。

馬　這是相當難得的！五年是相當長的時間，現在應該沒有可
　　能了。

邢　對啊！所以很感謝。現在沒有了。東西中心能一口氣給四年
　　獎學金，我只能跟著錢走。另外，還有一個很重要的原因。
　　我是1975年夏天去夏威夷大學。當時夏威夷大學在美國的
　　排名大概是一百多名，並不是甚麼名校。沒有想到它的圖書
　　館和美國各大學比起來，一點也不差。那時夏大歷史系聘有
　　很多中國、日本、韓國、印度和東南亞史的教授，買了很多
　　和亞洲研究相關的書，當然也有美國和歐洲史的書。陶天翼
　　老師（1929-2015）就在夏威夷大學教古代史和秦漢史，可
　　以跟我在碩士班的秦漢史研究連接。夏大歷史系也有希臘、
　　羅馬、兩河流域和埃及方面的課程，另有古典系開設拉丁文

和希臘文等課程。最重要的一點是夏大和東西中心很鼓勵學生做東西文化的比較研究。當時東西中心來臺招生，要考研究計劃。我在研究計劃中說明自己到夏大想做的比較研究、對夏大師資的認識，以及如何與夏大老師的專長相合。這些我都先做了調查，寫入研究計劃，終於被選上。其實那時並不懂申請美國學校的訣竅，幸好在政大教書時結識了一位來旁聽我秦漢史課的美國華盛頓大學的博士生孔為廉（William Crowell）。他研究中國中古史，後來在華大拿到博士，教我如何填表，如何寫計劃（圖 11）。我們成了終身好友。

馬　可是，那個年代沒有電腦，您怎麼知道夏大老師的情況呢？

邢　這是一個好問題！那個時候，跟香港一樣，臺北有一個美國

11　1975 年出國，妻子維紅與好友孔為廉（右）於臺北松山機場送行。

新聞處（United States Information Agency）。美國新聞處是美國
大使館的一個附屬機構，專門做文化工作，等於宣傳美國文
化。美國新聞處圖書館有很多介紹美國各大學的書。在沒有
電腦的年代，我們想去美國讀書的就到美國新聞處去查，哪
家大學有哪些老師、開甚麼課、有甚麼特點、如何申請等等。

馬　拿到東西中心的獎學金後，您再向夏大歷史系申請嗎？有沒
有事先寫信給施培德（Michael P. Speidel）教授？

邢　東西中心只考中、英文程度和研究計劃，因此我還得向夏大
歷史系正式申請。那時候都是靠寫信，沒有其他聯繫方式。
學校收到申請，會把申請資料給相關系所的教授看，看看教
授們是否有人願意收學生。如果先跟對方聯絡，相關教授就
會有個印象，對申請比較有利。但因為已經查過有關資料，
知道系裏有哪些老師和課程，估計夏大歷史系會將我的申請
案給施教授看，感覺沒必要先寫信給他。反而是錄取後我才
寫信和他聯絡。說實在，那時候亞洲學生會去學羅馬史的太
少，幾乎沒有。施教授看到我的資料，一定覺得怎會有這樣
的怪人（笑）。我跟施教授讀書五年，班上除了美國同學，沒
有任何其他亞洲學生。

4　夏威夷大學

馬　可以請您談談跟施培德教授學習的經驗嗎？他與您在臺灣的
老師有甚麼區別？

邢　我覺得是（研究）方法。施培德老師是德國人，是德國弗萊堡

大學（Albert-Ludwigs-Universität Freiburg）的古代史博士，接受德國傳統古典研究嚴謹的訓練，是自德國羅馬史大師孟姆森（Theodor Mommsen, 1817-1903）（圖 12）一路相傳。這一派非常注重基本訓練。施培德教授和孟姆森一樣，專長羅馬軍事和軍隊宗教史（圖 13），擅長釋讀羅馬碑銘。羅馬碑銘有很多碑主是軍人，是軍事史的重要史料。我到夏威夷大學的第一個學期，一邊學拉丁文，一邊就上施老師羅馬碑銘的課，教材就是孟姆森的名著《拉丁碑銘匯編》（*Corpus Inscriptionum Latinarum*）、德劭（H. Dessau, 1856-1931）編的《拉丁碑銘選編》（*Inscriptiones Latinae Selectae*），以及施老師自己所釋讀、新出土的軍人碑銘。一字一字解讀，受用無窮（圖 14）。印象很深的是有一回施老師跟學生說他讀孟姆森的匯編，不曾找到一個錯。德國古典史學的嚴謹程度，孟姆森是標竿。施老師也完全是這一路的學者。

馬　在夏威夷大學，除了施培德教授外，還跟其他老師讀書嗎？

邢　還有古典系教初、高階拉丁文的兩位老師，他們只教語文。另外，就是修歷史系的課，譬如希臘史、羅馬史、兩河流域和埃及史。施教授教羅馬史，也開其他古代史的課，我都修讀了。此外，根據博士班的課程要求，我選了日本史作為另一個領域，修了一些日本史的課。

馬　語言要求方面，除了拉丁文，還有別的要求嗎？

邢　我原本在臺灣修了德、日文，到夏威夷大學後又繼續修德、日文。夏大博士學位要求三門外國語。我順利通過日文考試，中文免修，拉丁文算第三種，拉丁文考了兩次才通過

12 德國畫家 Franz von Lenbach 在 1897 年創作的孟姆森畫像。2016 年 11 月 24 日攝於柏林德國國家畫廊。

13 2016 年施培德教授攝於德國南部 Hohenkrähen 故居

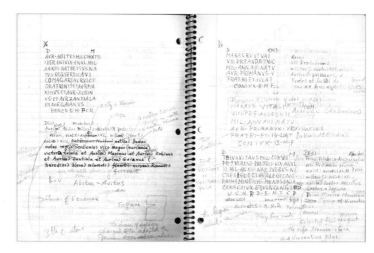

14 讀羅馬碑銘時的上課筆記

15 陶天翼老師，攝於 2004 年。

（笑）。拉丁文考試不是歷史系負責，而是古典系出題。從第一年開始，讀了五年拉丁文，相當辛苦。但寫論文要用到拉丁碑銘和文獻，一定要學。我也修了希臘文，奈何最後為趕寫論文，被迫上了一半後放棄。

馬　您修讀過陶天翼先生（圖 15）的課嗎？

邢　有的。他是陶百川先生（1903-2002）的公子，一度在中研院近史所工作，和許倬雲先生同在芝加哥大學修讀博士，後來到夏大教書，專治漢代制度史，尤其是監察制度，對文獻非常熟悉。我的論文寫羅馬帝國和漢代軍隊的比較，必然涉及

漢代的軍制，正好上他的課，請他指導。記得我的論文稿犯
了一個低級的錯誤，陶老師告訴我漢簡中的兵不是士兵，而
是指兵器，我才將「soldier」改成「weapon」，由此可見那時
我對漢簡陌生到甚麼程度。總之，我的博士論文由兩位老師
聯合指導，一位是漢代方面的專家，一位是羅馬方面的。

馬　我聽說，您的博士論文原來只打算研究羅馬。

邢　我原本就想做比較研究。在臺灣時曾注意漢唐的邊防制度，
最初提出的研究計劃是希望比較漢代和羅馬的邊防制度。羅
馬人為了防備日耳曼人，曾修長城，沿萊茵河、多瑙河邊防
駐軍。我一直都以為這是計劃中的題目（笑），但後來改了主
題。和讀碩士的時候一樣，到最後階段才改題目。

　　　夏威夷大學的一個好處是，它的獎學金不僅讓研究生修
課、寫論文，而且還資助他們做田野考察。這是因為夏大有
一個大缺點，它位處太平洋中央的一個小島上，和世界各學
術中心都很遙遠，位置十分孤立。學校希望打破孤立，非常
鼓勵學生到外面去，故東西中心也資助學生到夏威夷以外的
地方做田野考察。在我還沒有通過資格考試之前，即獲夏大
資助到美國本土開亞洲研究協會（Association for Asian Studies）
的年會（笑），一次到俄勒岡州的尤金，一次到波士頓。

　　　通過資格考試後，東西中心進一步資助我去歐洲做田野
考察。指導老師代我規劃出約三個月的考察計劃，向東西中
心提出，申請到全部費用。因此我有機會從夏威夷到美國本
土，從西岸到東岸，向當時各校做秦漢史的名師求教，包括
張春樹、許倬雲和余英時等先生。另外，因為施教授是德國

人，他的研究同行和相關人脈都在歐洲。他安排我到英國、荷蘭、比利時、德國、奧地利、瑞士、法國、意大利、希臘等地參觀遺址和博物館，並一路拜訪和羅馬軍事史相關的教授。羅馬帝國邊防遺址非常多，需要實地考察才能得到一點概括的認識。我考察英格蘭和威爾斯的羅馬遺跡、英格蘭北部的哈德良長城（Hadrian's Wall）和位在蘇格蘭的安東尼長城（Antonine Wall），歐陸調查自荷蘭開始，沿萊茵河旁羅馬時代留下的寨堡遺址，參觀沿途的博物館和圖書館，拍攝遺物照片。最後由瑞士進意大利，再赴希臘等地，約略花了兩個月時間（圖 16-18）。

馬　跑過一趟後，發現題目太大，需要調整嗎？

邢　對，題目太大，覺悟原題目沒有辦法寫。題目牽涉太多國家，太多語文，期刊論文多到超乎想像，明白自己能力根本不夠。Classical studies，哎啊！去走了一趟，才知道自己的知識差太遠。當時，我已通過資格考試，只剩下一年的時間寫論文。不寫出來，就完了（笑）。

馬　換句話說，您只用了一年時間就完成了博士論文？這很不容易。您的博士論文後來有沒有出版？

邢　沒有出版。因為我自己非常不滿意。當時就不滿意，不是後來才不滿意。羅馬邊防的題目不可行，匆忙改題，改成漢代和羅馬軍隊在皇位繼承中的角色比較。[15] 這個題目對我來說，

15　I-tien Hsing, "Rome and China: The Role of the Armies in the Imperial Succession: A Comparative Study" (PhD diss.: University of Hawai'i, 1980).

16

1978 年 7 月 16 日，與發掘主持人 Dr. Roger Miket 攝於哈德良長城東端南希爾茲要塞遺址現場。

17.1

1978 年 7 月 25 日在波昂萊因博物館參觀時所作羅馬古碑及其他羅馬文物筆記

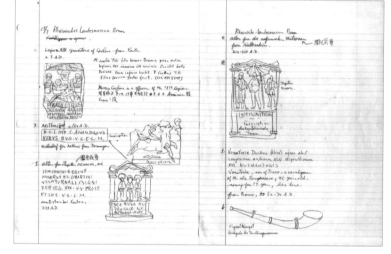

17.2

2016年10月9日再訪德國萊茵河塞防，與紀安諾（Enno Giele）合影於利默斯海恩區，背景的塞防望樓為近世複製。

18

1978年8月25日在羅馬廣場斷垣殘牆之間

輕鬆很多，主要因為利用文獻就夠了，不必太管考古出土的東西。中國文獻，我又比較熟悉，所以很快可以寫出。

為甚麼不滿意呢？一方面是匆忙中考慮問題太簡單化，一方面因為我覺察到並沒有因為比較，而得到甚麼真正重要的新發現。我曾提出了一個比較的框架：指出中國的皇位繼承相對來說是一個封閉的體系（closed system），權位繼承基本上是一家一姓的「家務」，不容外人干涉；而羅馬受城邦傳統影響，權力必經公民同意，由元老院授予，是一個開放的體系（open system），羅馬的長期職業化軍隊是當時羅馬社會最強而有力的「利益集團」，軍人為了自己的利益不惜干政，殺害或擁立皇帝如兒戲。漢代軍隊由農民組成，服役一年，出征臨時命將，事畢，將歸於朝，兵歸於農，兵、將形成不了強固長期的利益團體，因此無力，也少有干政的情況，到東漢末因長年內外動亂，董卓（?-192）等人長期掌握軍隊，出現軍閥才成了問題。這一對照看來有趣，「利益集團」（interest group）也是當時很紅的社會學概念，借來一用，其實利用得很粗淺。說實在，做這樣的比較研究有多少意義呢？這背後牽涉的方面太多，完全沒有觸及，我在一年裏能寫的都相當表面。當年鼓勵我從事比較研究最力的是杜維運老師（圖19）。在夏大寫論文最艱苦的時刻，是杜老師來信打氣，才最終勉強完成。我很感謝杜老師，但對所謂的比較研究從此有了不能輕易下手的認識。

馬 您寫漢代和羅馬軍隊的比較研究是博士論文的延伸，還是從中抽出來的部分內容？您是在博士論文的基礎上，繼續研究

19　2011年與杜維運師（左）合影於臺北

漢朝軍隊嗎？

邢　一些基本想法是從博士論文抽取出來。博士論文基本上是用
傳世文獻，沒有真正利用漢簡。雖明知有居延漢簡，還沒能
夠掌握那個領域。要懂得掌握那些材料，需要時間。漢簡對
了解漢代軍隊多麼重要！因此，像我這樣寫漢代的軍隊當然
粗糙，很不滿意。後來回到臺灣，進了史語所，就一頭栽進
漢簡的研究，越來越明白博士論文不成啊！所以沒發表。只
把一些基本想法用中文寫了幾篇小文章而已，主要是介紹
性，沒有甚麼深入的觀點。[16]

16　邢義田，〈漢代中國與羅馬帝國軍隊的特色〉，《歷史月刊》8（1988），
頁 56–68；邢義田，〈從比較觀點談秦漢與羅馬帝國的「皇帝」〉，《人
文及社會學科教學通訊》1.4（1990），頁 12–23。兩文修改後分別收入
氏著，《治國安邦：法制、行政與軍事》（北京：中華書局，2011），頁
655–668 及氏著，《天下一家》，頁 202–223。邢義田，〈羅馬帝國禁衛
軍、地方軍團和一世紀前期的皇位繼承〉，載邢義田編譯，《古羅馬的榮
光 II：羅馬史資料選譯》（臺北：遠流文化，1998），頁 585–616；邢義
田，〈羅馬帝國禁衛軍、地方軍團和一世紀後期至三世紀的皇位繼承〉，
《成功大學西洋史集刊》11（2004），頁 1–50。

5 史語所三十五載

馬 您在夏威夷大學五年，畢業後是先回政大工作嗎？甚麼時候開始到史語所工作？

邢 是的，因為政大保留了我的職位，我有義務回政大。工作了兩年，1982 年到史語所，直到 2017 年七十歲退休為止。

馬 一共是三十五年的時間！我們都知道史語所是中文世界裏一個從事學術研究最好的地方。可以請您說一下史語所的特點嗎？

邢 史語所的環境，就研究工作來說，條件很好。第一，我們的圖書館非常好；第二，沒有人分派或指定研究任務，自己想研究甚麼就研究甚麼；第三，所內同行多，隨時有很多可切磋和討教的良師益友。此外，如果有需要，可以提研究計劃申請額外的經費。在臺灣，一般就是申請國科會（即國家科學委員會，現在改稱科技部）或中央研究院的額外經費。通常只要認真執行又有成果，申請的計劃基本上都能獲得支持。史語所的研究人員一般來說規規矩矩，據我所知多數申請案都能獲准，只有少數例外。

馬 除了環境之外，史語所對您還有甚麼影響呢？

邢 我們這裏有很多的會議和演講，很多訪問學者來做研究，交流的機會很多。我們也可以申請經費到別的地方，如中國大陸、日本、歐美各國，考察、訪問或參加會議，十分自由。

馬 您在史語所的時代，有很多老師和同輩學者，譬如杜正勝先生跟您的研究方向非常接近。您們之間的交往如何？

邢　杜先生比我早一年進史語所。我進所後，我們因興趣相近，
交流很多。實際上當我還在政大教書時，年輕學者間已有一
個「食貨討論會」。您知道臺灣當時有一個學術刊物叫《食貨
月刊》嗎？除了《大陸雜誌》以外，另一個重要刊物就是《食
貨月刊》。當時，來自不同大專院校，志趣相近的年輕學者和
研究生，共同組織了一個「食貨討論會」，經常借用食貨月刊
社的社址聚會。[17] 杜先生和我在討論會上討論很多，這個討論
會對我們那一代學歷史的幫助非常大。晚上我們二人，還有
一些其他同仁也經常在史語所研究室工作，交流實際不分晝
夜。我們甚至曾一同參訪考古遺址（圖 20），一同和同輩朋友
創立《新史學》期刊。

　　杜先生曾對孔子（前 551-前 479）生平下過很深的功夫，
甚至拍過一部孔子傳記的電影。前幾年我寫「孔子見老子」
畫像，[18] 書稿完成後，還沒出版，先請杜先生指教。沒想到他
讀後寫了很長的信給我表示贊同和不贊同的想法（圖 21）。
我們政治上意見不同，卻是幾十年的學術摯友。他對我的批
評常常直指要害，得益很大。

馬　您剛從美國回來的時候，勞榦先生（1907-2003）還在史語

17　關於「食貨討論會」的運作情況，參王晴佳，《臺灣史學史：從戰後到當
代》（上海：上海古籍出版社，2017），頁 110–113；並參劉增貴，〈下層
の歴史と歴史の下層 ── 台湾「中国社会史」研究回顧〉，載籾山明、佐
藤信編，《文献と遺物の境界 ── 中国出土簡牘史料の生態的研究》（東
京：六一書房，2011），頁 256–257。

18　邢義田，《畫外之意：漢代孔子見老子畫像研究》（臺北：三民書局，
2018；上海：生活‧讀書‧新知三聯書店，2020）。

20 1993 年與杜正勝（左三）、孫鐵剛（左二）同訪西安陽陵考古工作站，由發掘人王學理（右二）親自解說出土陶俑。

21 杜正勝讀《畫外之意》書稿後手札

所嗎？

邢　我進史語所的時候，勞榦先生早已去美國了。幸運的是，我進所以後不久，勞先生和嚴耕望先生（1916-1996）先後回臺灣，在史語所各待了一年並先後在臺大開課。這太好了！杜正勝先生和我有一段時間，每逢勞先生開課，就陪著勞先生到臺大上課，然後再陪勞先生回史語所（笑）。因此，我們有機會上到勞先生的課。我現在還留著勞先生秦漢史一課的筆記，第一講是講漢代的內朝與外朝（圖22-23）。後來，嚴耕望先生從香港來臺，也在臺大開課，我又去聽他的課。算是運氣吧（笑）！

馬　您從他們兩位身上分別學到甚麼？

邢　兩位前輩風格很不一樣。嚴耕望先生是位非常嚴謹的學者。他的課堂就跟他寫出來的論文一樣，條理分明，言必有據。嚴先生把他上課要講的相關史料，一條一條抄出來，複印後，派發給大家。我到現在還保留著嚴耕望先生手抄的講義（圖24.1-2）。他依講義逐條講解，解讀一條史料可以幫助了解下一條，全部史料講完，結論就「逼」出來了，手法頗似陳寅恪。我們可以看到他的論證過程、邏輯和論點。這應該是前輩先生們傳統的做法，非常實在。嚴先生那年回臺，是為撰寫中的《唐代交通圖考》做最後整理，並請人協助繪製書中的地圖，一本一本地出版。[19] 因此，我們有機會看到嚴先

19　嚴耕望，《唐代交通圖考（一至六）》（臺北：中央研究院歷史語言研究所，1985–2003）。卷一至五均為嚴先生於1985至1986年親自整理出版，卷六則由李啟民先生於2003年代為整理出版。

22

1982年9月21日勞榦先生在臺大授秦漢史，邢義田筆記首頁。

「功朝」「外朝」　71年 2/9 10:10

「君相成」不贊成此說

文式吏　武式吏

文吏－讀書、知律、掌書、使建議奏

武吏－掌劍

太守基本上是文官

23　勞榦先生八秩大壽於臺北臺大校友會館舉行慶生宴，勞先生眾弟子、朋友及後輩齊聚一堂。
自左至右（□代表一位不能確認姓名者，姓名後加「？」表示人和姓名仍有待確認）
第一排：徐玉虎　許倬雲　□　勞先生及師母　□　桑秀雲　劉淑芬
第二排：管東貴　丁邦新　□　王家儉　林瑞翰　張忠棟　呂世朋　張存武　何啟民　王壽南　王德毅　文崇一？　金發根　□
第三排：韓復智　吳昌廉　□　□　陳捷先　□　王曾才　□　郝延平？　杜維運　閻沁恒　□　陶晉生　陳良佐
第四排：蕭璠　邢義田　毛漢光　孫同勛　杜正勝　盧建榮

唐史幾部基本史料書之檢討　嚴耕望

P.1

唐人一切著作、文件與遺物及宋人有關唐代之著作，皆為唐史研究之資料。今僅就最基本幾部書，從史料觀點，作簡畧說明：

（一）兩唐書

舊唐書成於五代紛亂之世，史料零落，且修書時間短促，自不能工。宋人早有訾議，故仁宗時詔重修唐史，歐陽修與當時博學之士數人共成其事，宜乎遠勝。但事實上若就史料觀點言，兩書各有短長，不能一概而論。

舊書本紀，自唐初至中晚期敘交時代月份明，記事詳贍，尚不失常規。自武宗以下，乃繁簡失均，且極零亂，昭宗列傳，尤甚零落，以中原因，自因肅宗以前有唐人所撰國史及底本又自唐初高祖至文宗十四帝及武后時代皆有實錄可據，故所編唐代前期及中期紀傳皆甚得体。武宗實錄經唐末之亂，僅殘存一卷，宣懿僖...

P.18

志文，必仍修因書字而引起錯誤，書詳校矣。

再者，新書撰寫已在宋建隆後百餘年，去唐亡已二百五十年以上，往往不免以宋事說唐事，茲再舉兩例。

其一，新唐書 ~~地理志~~ 地理志一云：

會州會寧縣東南有會寧關。

按唐代此會寧關在會寧縣（今甘肅靖遠縣東北）西北一百一十里，黃河東岸，為西通涼州域（驛道（北??線）之渡口，故云會寧縣東南，方向相反，且不近黃河。檢宋史地理志，此乃宋代之會寧關，蓋防線內縮，關 ~~??~~ 名亦內移之地。是必新唐志以宋事說唐事，致誤。說詳拙作 ~~唐代交通圖考~~ 第二册（頁413—415）

其二，新書地理志又云：

崖州（今海南島北部瓊山縣東南），戶八百一十九。

瓊州（同上瓊山縣西南），戶六百四十九。

振州（今海南島南部崖縣），戶八百一十九，口二千八百二十一。

按崖振兩州戶數一字不異，此甚可怪，其中之一必有問題。

考崖州志承通典一八四。振州戶數及新志全同。（通典只少四

25
1999年與嚴耕望先生（左）合影於臺北基督教女青年會

生怎樣準備材料上課和出版（圖25）。

　　勞先生呢？勞先生不是。勞先生上課完全不看資料。他的課憑記憶和才氣，想到哪兒說到哪兒，有點天馬行空（笑）。聽勞先生的課，跟聽嚴先生的課，感覺完全不一樣。嚴先生說話安徽桐城口音很重，很多臺灣同學感覺很難聽懂，但幸好有講義在手邊。勞先生說話，山西口音沒那麼重，較好懂，但沒講義。學生最好要先讀過勞先生的著作，做些準備。因為他講的都裝在腦袋中，所說有很多是他在論文中提過的，如第一講「內朝與外朝」就是他的名作。如果不先讀，就不易把握他講的哪些是超出論文的延伸發揮，或較精彩的地方。

　　勞先生回史語所是為出版他的《漢晉西陲木簡新考》。[20] 因為陪他上課，我注意到他的研究室有很多抄資料的紙片，一疊一疊用迴紋針夾著。有一回我向他請教有關漢代「故事」的問題，他慷慨地讓我影印了幾頁他手抄的紙片（圖26.1-2）。

20　勞榦，《漢晉西陲木簡新考》（臺北：中央研究院歷史語言研究所，1985）。

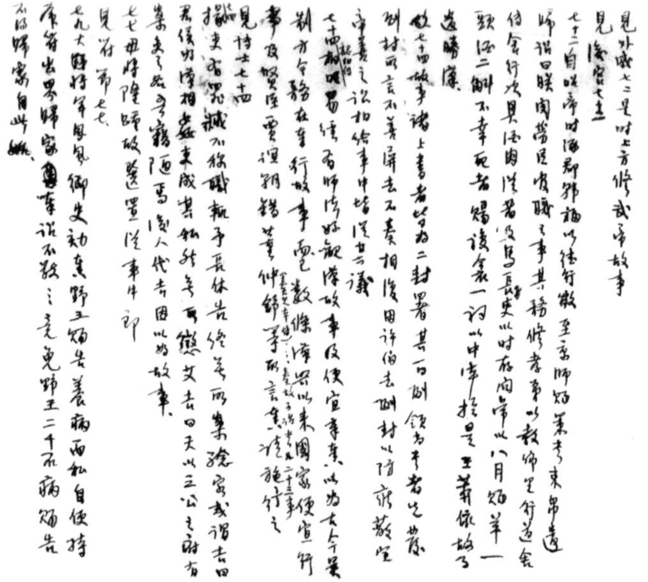

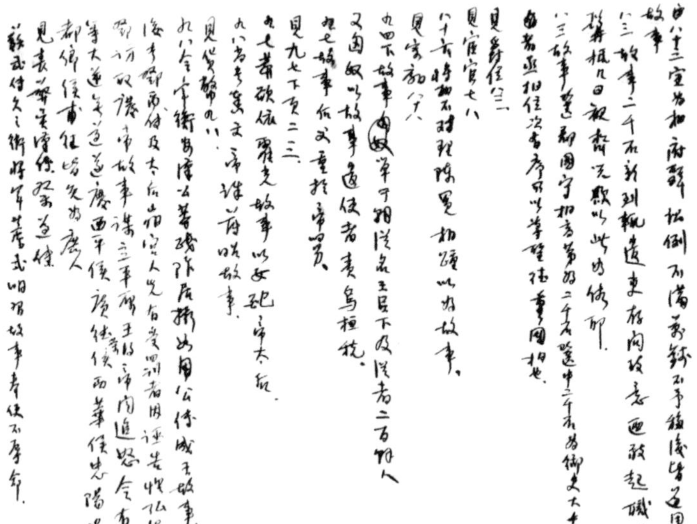

27
勞榦先生抄錄自己的詩相贈

　　這可以從一個側面看到勞先生準備寫論文的方法。勞先生抄
紙片，做讀書札記，這些紙片應該都有他所理解的順序。他
就根據這些材料寫成論文。沒用電腦之前，我們在史語所做
研究，也都是用卡片抄資料，方法基本沒甚麼不同。有一次
上完課，杜正勝先生和我陪他回史語所，勞先生一時高興，
在研究室特為我們揮毫寫贈他自己的五言絕句，相當珍貴（圖
27）。[21] 我也曾利用他在臺期間作過的一次錄音訪問，發表了部
分內容。[22]

21　原詩：「午夢微風煖，晴窗燕子輕。林端鷦鴣到，又聽喚春耕。」見勞
　　榦，《山中雜詠七首》之二，收入氏著，《成廬詩稿》（臺北：正中書局，
　　1979），頁 57。
22　參邢義田，〈勞榦院士訪問記〉，收入氏著，《地不愛寶：漢代的簡牘》（北
　　京：中華書局，2011），頁 342–350。

馬　您跟勞先生曾交流研究漢簡的經驗嗎？

邢　當然有。不是交流，而是跟著學。他是最早最重要的權威
　　啊！怎能放過機會？他出版《漢晉西陲木簡新考》時，我剛
　　進史語所不久，開始學習漢簡。他這本書，我曾和同事何大
　　安先生一起校訂，從第一頁校訂到最後一頁。[23] 後來勞先生回
　　美國，我在寫居延漢簡運美和返臺以及整理史語所藏漢畫拓
　　片的過程裏，和勞先生通信很多，釐清不少問題，明白他在
　　傅斯年手下曾經手的一些事。

馬　校訂對您來說就是一個學習的機會。

邢　就是學習啊！我們就像做助手，需要很仔細地讀他寫的東
　　西，然後跟原簡比對；通過「細讀」，就知道他的思考邏輯
　　和論點是怎樣建立的。然後，說實在話，才發現書中的問題
　　（笑）。這點非常重要。

馬　可以請您再談談跟史語所其他同事的交往嗎？

邢　那時史語所研究秦漢史的同仁不少，蕭璠、廖伯源、劉增貴
　　和蒲慕州都時常切磋，又有各種專題研究室，經常邀外來學
　　者演講或開會，交往的學者不限於所內，譬如說我負責文物
　　圖象研究室的活動。您聽說過文物圖象研究室嗎？

馬　聽說過。您們還建立了一個很有用的「簡帛金石資料庫」，很
　　多人使用。[24] 您們應該是比較早做那種資料庫的吧？我還記得

23　並參勞榦，〈序〉，載《漢晉西陲木簡新考》。

24　「簡帛金石資料庫」（http://saturn.ihp.sinica.edu.tw/~wenwu/search.
　　htm，讀取 2019.07.04）。

劉增貴先生在九十年代寫過一篇電腦在歷史研究中的應用。[25]

邢　對！劉增貴先生（圖 28）是史語所最早學會電腦語言，能夠自己寫程式的研究人員。他以自寫的程式運用在歷史研究上，「簡帛金石資料庫」是他的代表作，也是最早公諸學界，可以任意檢索的簡帛金石資料庫。這個資料庫到現在大家都覺得還很方便好用。很可惜，後來有很長一段時間缺乏經費去維持和擴充。現在劉欣寧正在改建資料庫，擴充內容，增強資料庫的功能，簡影和釋文能相互檢索或逐字呈現原簡字形，並檢索不同簡牘上相同的字。[26]「簡帛金石資料庫」是文物圖象研究室統籌下和居延漢簡整理工作相關的一部分，文圖

25　劉增貴，〈電腦在漢簡研究中的應用〉，《新史學》2.2（1991），頁 129–138。

26　「簡牘字典」（https://wcd-ihp.ascdc.sinica.edu.tw/woodslip/index.php，讀取 2020.11.01）。

室還有由顏娟英主持的唐代佛教拓片整理工作、由蒲慕州主持的「漢代墓葬資料庫」，和由林素清主持的「漢鏡銘文資料庫」。此外，在四、五年間文圖室舉辦了近五十場演講，和其他專題研究室一起推動了史語所和海內外學界的交流（圖29.1-3）。

馬　您在史語所與秦漢史以外的同事也有交往嗎？

邢　有啊！這是史語所非常好的地方！我們每兩個禮拜，會有一個講論會，所裏的同仁都會參加。研究人員要輪流提出報告，大家一起討論。我覺得這個傳統非常好。

馬　能與不同專業的人一起討論很重要，像我們做秦漢史，常常把很多問題視為理所當然。

邢　這跟參加某個簡牘研讀會不一樣，參加簡牘研讀會的都是研究簡牘或想學習研究簡牘的，都是同行。可是，參加史語所講論會的人來自不同的行道，可以從不同的角度回應你的問題。你講一個漢簡中的問題，他們可以從不同時代、角度反

29.1-3
邢義田設計的文物圖象研究室演講海報舉例

思類似的問題。有時候，在某一論文或書中有些討論和材料跟自己關心的問題有關，你不知道或沒想到的，藉交流可獲得信息。這個非常重要！在我們學習的過程中，不可能對其他時代的議題和材料都那麼熟悉。我有很多論文都是在史語所寫的，有些先在講論會上討論，有些先請所內外的朋友和學生看過，提供意見，得到非常多的幫助，所以在論文後記裏常會感謝一長串的師長或朋友。

馬　對，我也有同感。跟自己專業不同的人討論，他們會提一些自己從未想過的問題。可能是與我們自己的知識基礎有關吧，有些我們不覺有問題的地方，對他們來說，就是首先要提出的基礎問題。然後，我們就可以重新思考自己的研究。

邢　我寫好一篇文稿，常先請教大家，不會立刻發表。我也很鼓勵我的學生寫好一篇東西先請大家給意見。三個臭皮匠，勝過一個諸葛亮（笑）！

馬　這是很難得的，不是所有學者都願意接受年輕學者的意見。我想史語所的環境和人事對邢教授的學術應該有很大的推動作用。您是從 1990 年開始跟大陸學者有較多的交流嗎？您的論文常常感謝大陸同行的幫助，像馬怡、侯旭東、胡平生、羅豐、楊愛國和鄭岩等先生。您可以分享一下與他們交往的經歷嗎？

邢　我覺得這些交流的幫助太大了。為甚麼是 1990 年以後呢？因為我第一次去中國大陸做學術交流是 1990 年。那年史語所在所長管東貴先生（1931-2019）率領下，組織了一個代表團到

北京的中國社會科學院歷史所和考古所訪問（圖 30）。這兩
所有很多老前輩以前是史語所的研究人員，是一家人。[27] 當時
大家見面都很高興和激動。自那次開始，我認識了一些古代
史以及和考古相關的同行（圖 31.1-2）。後來，由於我多次到
大陸考察畫像石和簡牘或開會，結識的同行朋友越來越多。
我們經常用電子郵件交換意見，也常互傳論文，彼此批評，
成了學術上的好朋友。您剛才提到的幾位都幫助我很多。

27　同樣以「家人」來形容史語所老前輩的，見陳永發、沈懷玉、潘光哲訪
　　問，周維朋記錄，《許倬雲八十回顧：家事、國事、天下事》（香港：中
　　文大學出版社，2011），頁 296。

31.1-2

1999 年 12 月 13 日，大陸學者參觀史語所文物圖象研究室及簡牘紅外線攝影存檔設備。

第二章

「為己之學」：
我的學術研究

1　整體歷史

馬　首先，您會怎樣形容自己的專業呢？或者，您覺得自己的專業是甚麼？

邢　就是沒有專業（笑）！我並不喜歡人家稱我為簡牘學家、藝術史家，或制度史家（笑）。我想像中的歷史是一個整體，每一個部分都有關聯，所以考慮問題時，不是純粹從藝術、制度或簡牘研究的角度出發。在我腦袋中，所有可以掌握的材料都相互關聯。因此，自己甚麼專家也不是（笑）！

馬　如前面提到，我發現您的研究很難用某一個範疇去涵蓋或界定。雖然說您以秦漢為重心，但您的研究好像又不限於此。

邢　秦漢史是我的基地。然而我的基本態度是問題導向的。假如討論的問題只牽涉里耶秦簡的文字釋讀，我可以只集中討論文字本身。如果討論的是一個中國和域外關係的問題，時段就可能拉得很長，不限於秦漢，空間上更擴大到中國以外。假如討論的是非文字性或圖像性的材料，我腦中的架構也有可能架在中國和地中海之間（笑）。因此，一切取決於心目中

問題的性質，要如何處理以及可能用上的材料。

馬　所以，您就連明代木牘也曾寫過文章討論。[28]

邢　對，不過那比較特別。那年參加了大英圖書館（British Library）藏漢文簡牘的會議。會議完畢後，館方把館藏簡牘資料的光碟分給與會者，請大家分頭寫文章。我的考慮是：參加會議的都是簡牘專家，譬如胡平生、李均明、張德芳、籾山明等先生。誰寫甚麼事先並不曾商量。我猜想他們都可能寫和漢簡有關的部分，大概不會挑明代木牘下手（笑）。明代木牘也是大英圖書館收藏的材料啊！如果沒人寫，外界就不知道它們的存在。這麼一想，不如由我去寫他們不會挑選的部分。

　　怎麼敢去寫明代木牘呢？因為大學時上過夏德儀老師（圖32）的明清史，讀過一點《明實錄》，寫過土木堡之變，略知明代邊防，而英藏明代木牘內容正和邊防制度有關。上明

32
夏德儀老師

清史時，史語所剛好出版了黃彰健先生（1919-2009）整理的《明實錄》。[29]一般研究明史的都從《明史》、《明史稿》、《明通鑑》、《明史紀事本末》等書入手。夏老師告訴我們《明實錄》是更原始的材

28　邢義田，〈英國國家圖書館藏明代木牘試釋〉，載汪濤、胡平生、吳芳思編，《英國國家圖書館藏斯坦因所獲未刊漢文簡牘》（上海：上海辭書出版社，2007），頁 99–115，修改後收入氏著，《地不愛寶》，頁 317–341。

29　黃彰健校勘，《明實錄》（臺北：中央研究院歷史語言研究所，1962–1968）。

料，很重要。大學修課時有一個習慣，不管老師要不要求寫
學期報告，我規定自己上每一門課都要找個小題目，練習寫
一篇不算論文的論文。當時覺得要寫點甚麼才能學會寫作，
至少可以就某個問題做點整理。因此，我去問夏老師：「《明
實錄》出版了，該怎樣讀？」大三的學生哪裏知道實錄是甚
麼，該如何讀一大套上百冊的實錄？剛好，課中正講到正統
十四年（1449）明英宗（1427-1464）率軍征瓦剌。夏老師建
議可以試做史料比對，看看《明實錄》和《明史》等書怎樣
記載「土木之變」，看看當中的差別在哪兒。我逐字讀《明實
錄》相關的部分，發現《明實錄》居然記錄了英宗每天的行
程，比其他書都要詳細得多，也和其他書有出入。再找了一
本地圖，把英宗走過的路線、地點據地圖標註出來（圖 33），
將記載上的出入列成表，成為一篇習作。這個經驗對我後來
研究幫助極大。這是我第一次體會到史料有層次，傳世文獻
經過層層抄纂改編，絕不能都當真，絕不能不經鑑別，拿起

33
大三習作（據《明實錄》校正《明史》等書所載「土木之變」之誤）所附地圖

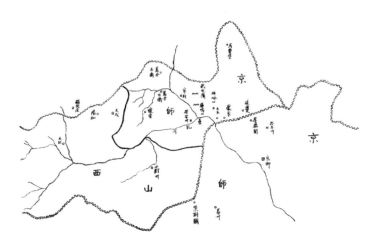

來就用。這篇大三的習作竟成了我最早發表的小文章。[30]

馬　確實很難把您劃分為某一個範圍的學者。像您所說，有需要的，您會往前看，或往後看。

邢　歷史是一個整體，這觀點是受許倬雲老師的影響。他比喻歷史像顆粽子，政治、社會、經濟、思想各面相互關連，構成一個整體。我不想自我局限在粽子的某一面，不想成為某一面的專家。

2　傳統中國的「變」與「不變」

馬　您與杜正勝先生都研究從春秋戰國到秦漢一段的歷史，但您們的看法非常不同。杜先生的著作《編戶齊民：傳統政治社會結構之形成》強調這段歷史中的「變」，[31] 您卻強調變中之「不變」。您是如何察覺到此問題？又是如何著手研究？

邢　這是我後來的看法。印象中高中歷史課本早已強調春秋戰國的變動。大學時上李濟和許倬雲老師（圖 34）的上古史，講的就是春秋戰國時期的「變」。許倬雲老師應曾受李宗侗先生（1895-1974）的影響，講春秋戰國時期的階層變動、平民階層上升、貴族下降等等。[32] 當時，我們身為學生，基本

30　邢義田，〈據《明實錄》校正《明史》等書所載「土木之變」之誤〉，《史繹》4（1967），頁 97–104。

31　杜正勝，《編戶齊民：傳統政治社會結構之形成》（臺北：聯經出版，1990）。

32　Cho-yun Hsu, *Ancient China in Transition: An Analysis of Social Mobility, 722-222 BC* (Stanford: Stanford University Press, 1965)；李宗侗，《中國古代社會史》（臺北：華岡出版，1954）。

上都受老師們的影響，我也上過李宗侗老師的課。杜先生後來講春秋戰國的大變動，強調變動應該說是一個存在已久、影響很大的觀點。那時強調變動，有很大成分是對一度十分流行的「東方停滯論」的反動。從亞當‧斯密（Adam Smith, 1723-1790）到馬克思（Karl Marx, 1818-1883）等西方學者大談東方社會從印度到中國如何停滯不前，這激起中國學界不同的回應，這裏無法多談。

　　大變動這個觀點並沒有錯，春秋戰國的變局不容否認，我也從不否認。不是跟您說過我非常喜歡讀先秦諸子書嗎？我注意到周代封建崩潰以後，老子、墨子（約前 468-約前 376）、荀子（約前 316-約前 237）、韓非（約前 281-前 233）和莊子等人都提出自己對建立天下新秩序的看法。這是先秦諸子的一個共同關懷：要從封建崩潰回歸天下一統呢？還是走別的道路？這個新世界到底要像儒家一樣鼓吹回到三代那

樣的黃金時代？還是像老子嚮望的小國寡民？或如韓非說的
應該與時俱進，「時移則事異」？要「法先王」，還是「法後
王」？荀子就主張「法後王」，不要「法先王」；孟子憂心天下
不歸楊則歸墨，主張天下應定於一。也就是說先秦諸子紛紛
推銷不同的方案給諸侯，諸侯可有不同的選擇，華夏大地一
度似乎有可能走向很不相同的道路。只有在分崩變動，一切
未定的時代才可能出現思想上的百花齊放，百花齊放也反過
來證明了變局的存在。最後秦漢相繼一統天下，中國從此被
既定的格局框住二千多年，失去了改變政治社會基本格局的
可能。

　　秦漢建立以後，學者多認為封建成為過去，專制官僚帝
制出現，歷史像是斷裂了一般。但我始終想不通一點：孟子
說「民為貴，社稷次之，君為輕」，力主老百姓最貴，可是再
一想，秦漢以後老百姓仍然僅僅是帝王口中的「黔首」或「齊
民」，一點也不貴。天下大權像封建時代一樣，仍然在一家一
姓的手裏。老百姓何曾翻身作主？日出而作，日入而息，完
糧納稅，做牛做馬，老百姓在秦漢帝制下和在封建制度下，
「黎民」、「黔首」或「齊民」的身分和地位何曾有甚麼真正的
差別？

馬　您是甚麼時候開始有此看法？是在寫皇帝制度的時候開始嗎？[33]

33　邢義田，〈奉天承運——皇帝制度〉，載鄭欽仁主編，《中國文化新論‧制度篇：立國的宏規》（臺北：聯經出版，1982），頁 39–87，後修改成〈中國皇帝制度的建立與發展〉，收入氏著，《天下一家》，頁1–49。

那就是在八十年代已經開始？

邢　對啊！其實早年最感興趣的是皇帝制度。我一直在思考應該把皇帝制度放在怎樣的歷史脈絡中去理解。譬如說，秦始皇（前 259-前 210）創立的「皇帝」新名號，應該怎樣去理解它。以前的人都說這象徵了一個新時代的開始，因為天子已成為過去，現在有了皇帝。可是我發現秦始皇並沒有放棄天子的稱號，周代封建下一些核心概念和符號也延續未變。例如關鍵性的天命觀——正當化（justify）一個政權最重要的理論基礎，一點不見動搖或被其他理論所取代（圖 35-36）！雖然有人呼喊民為貴，天聽自我民聽，老百姓手上並沒真正握著天命啊。

馬　您的意思是政權正當性（legitimacy）的基礎沒有實質的改變？

邢　我認為是這樣。實際上「提三尺劍」，「斬白蛇」，槍桿子出政權！毛澤東說的沒錯。周天子滅商，血流漂杵，不就是靠槍桿子？這是政權正當性最真實的基礎。不過，搞革命還需要一件包裝美麗的外衣。黃巾起事號稱「蒼天已死，黃天當

35
左 ——秦公簋銘
「天命」二字

36
右 ——東漢建和二年漢
司隸校尉楊君頌「高祖
受命」

立」，所謂黃天當立就是依據天命和五德終始說織成的外衣。
這類外衣從商周以降到明、清不曾改變過。

馬　非常同意。秦始皇也要做很多政治宣傳（propaganda），像他
留下的刻石。我們看到關於秦代的紀錄，多數是漢代人流傳
下來，所以傾向把秦代寫得特別負面。事實上，秦代有很多
東西來自西周，譬如現在很多考古發現也證明秦對西周文化
的繼承。[34]

邢　您說的很對。傳說中秦始皇想得到周的九鼎就是例子，始皇
「泗水撈鼎」的故事正說明此事。[35] 如果真是一個劃時代的新帝
王或政權，應該另立一套正當性的新理論或說辭，不管神話
也好，甚麼也好。秦始皇反而上承西周，拚命求周鼎，不是
正好證明他無法完全甩開先秦封建的老套，無法掙脫封建統
治的最核心基礎——天命嗎？

天命一說影響中國太大了。當某種政治思想、理論或制
度一旦建立和穩定後，就會傾向於排斥其他的思想、理論和
制度，使歷史不易走上別的路子。譬如說，先秦諸子書裏曾
出現一種很流行的理論叫「禪讓」。強調天下不是某一家一姓
的，不該世襲，是有德者、有能者的天下。真正好的帝王不
一定要把天下傳給自己的兒子，而是傳給才德兼備的人。

34　秦代的考古研究，參 Yuri Pines et al., eds., *Birth of an Empire: The State of Qin Revisited* (Berkeley: University of California Press, 2014), part I。

35　參邢義田，〈漢畫解讀方法試探：以「撈鼎圖」為例〉，載顏娟英主編，
《中國史新論‧美術考古分冊》（臺北：聯經出版，2010），頁 13–54，修
改後收入氏著，《畫為心聲：畫像石、畫像磚與壁畫》（北京：中華書局，
2011），頁 398–439。

　　從某個意義來說，這就開創了另外一種可能性——天下大位在「德」不在「天命」。禪讓論可以說是先秦政治理論上的一大突破，流行一時。但秦漢一統，天下回歸一家一姓。孟子民貴君輕和諸子禪讓這一套不受當權者歡迎，鼓吹這一套的甚至會遭來殺身之禍（笑）。[36] 簡單來說，秦漢以後，歷代都在幾乎同一格局的帝制中循環。改朝換代不過是換一家人當皇帝，南北朝時有人說是「將一家物與一家」，如此而已。

　　由此也可知，中國自商周以降不存在今人所說的民主或所謂的「原始民主」。「民主」一詞在《尚書》裏已經出現，它的意思是君為民之主，而不是人民作主！我曾讀過一點古典希臘城邦的歷史，中國古代與古希臘的對比太強烈了！古代世界本來可有，也曾有各種不同形式的政治體制：權力可以在一個人手裏，也可以在一小撮人手裏，也可以在眾人手裏，都曾發展出不同的政治體制。

　　就希臘的城邦政治來說，在一個人手裏就是王權制、寡頭政治，一群人手裏就是貴族政治，眾人手裏就是民主政治、公民政治。希臘城邦林立，體制多種多樣，同時並存。雅典、斯巴達、柯林斯和希臘世界以外的埃及、波斯體制即大不一樣。春秋戰國思想一度解放，諸子各逞異說；秦漢一旦一統，思想也被迫走向一家獨尊。封建禮樂的建築師——周公，藉一套以他為名的《周禮》，仍能為秦漢以降新時代的士大夫和君王們築夢，從王莽（前 45-23）、蘇綽（498-

---

36　邢義田，〈中國皇帝制度的建立與發展〉，頁 17-18。

546）、王安石（1021-1086），到光緒（1871-1908）和戊戌諸
君子都活在這個若有似無的夢裏。其他的夢例如君王乃轉輪
王即佛，或彌勒降生，或太平天國假借基督教，鼓吹天王乃
上帝之子，這些夢和新理論乍興而衰，[37] 或被視為邪教，或淪
入地下，遭正統或主流勢力排擠消滅掉。

馬　這個觀點正好與杜正勝先生的相反。

邢　就長時段來看，我和杜先生應該沒有那麼大的不同。只是他
談春秋戰國那一段比較多而已。

馬　談到春秋戰國時代變中的「不變」，除了皇帝制度以外，您也
從鄉里聚落的角度談到其中的延續性。這個角度是從甚麼時
候開始發展？

邢　說起來，這跟許倬雲老師有關。他當年回臺灣，非常強調研
究社會經濟史。他自己研究社會史，後來又寫了漢代農業。[38]
要談中國社會經濟，農業就是基礎。很多前輩包括齊思和
（1907-1980）早已說過，春秋戰國時代的農業技術有飛躍的
進步，如施肥、牛耕和利用鐵器，生產力增加，土地開發，
人口成長，奠定了後來統一帝國最重要的經濟基礎。這些發
展確實重要，我認為同時也該注意到中國農業生產和技術以
及聚落形態，在此後兩千年沒有甚麼根本性的變化。

37　曾興盛於北朝和武則天時代。參康樂，〈轉輪王觀念與中國中古的佛教政
　　治〉，《中央研究院歷史語言研究所集刊》67.1（1996.3），頁109–143。
　　天王乃上帝之子僅見於太平天國時期。

38　Cho-yun Hsu, *Han Agriculture: The Formation of Early Chinese Agrarian
　　Economy (206 BC-AD 220)* (Seattle: University of Washington Press,
　　1980).

　　農作物和農具幾乎千年不變。北方以麥和小米，南方以稻米為最重要的農作。這些農作需要的人力、水利資源、農具以及耕作方式，在兩千年內幾乎像靜止一般。因此，我才去寫了那篇談農具的文章。為此我曾參觀農業博物館，參考歷代農書中所列的農具以及農具使用的方法，甚至參考近年的照片，覺察到從漢代到近年某些地區仍驚人地相像（圖37.1-2）。[39] 我不得不說中國農業社會的基本特點是它的延續性大於變異性，甚麼樣特性的社會就會有甚麼樣的政治體制。延續性這麼強的社會能產生怎樣的政治體制呢？就不難想像了。所以說有變化，當然不會一點變化都沒有；但是變中有更多基本特性的不變。這是我想強調的。我認為這些基本不變的特性部分才構築了這一政治、社會、經濟、思想文化體制的底色，也是最具特色的部分。

　　我談這個問題，雖然以春秋戰國到秦漢為主，腦袋中是把兩千年當作一個參考框架，從一個比較大的角度去談它的不變。當然我或許受到年鑑學派（Annales school）的影響，要看「長時段」（longue durée）裏生活中最基礎的元素。這是為甚麼這麼多年來我做了些基層社會的研究。像早先跟您說的，我關心的一個問題是文化階層之間的流動，上層精英社會與下層平民社會的關係；另一個則是中國跟域外的關係。

39　邢義田，〈一種漢晉河西和邊塞使用的農具—「钁」或「橜」〉，《簡帛》11（2015.11），頁191–205，修改後收入氏著，《今塵集：秦漢時期的簡牘、畫像與文化流播》（上海：中西書局，2019），頁553–575。

37.1
甘肅高臺出土魏晉畫像磚上的耱田

37.2
2015 年甘肅民勤的耱田

3　古代社會的「上層」與「下層」

馬　這個上、下層的關係，與余英時先生說的大傳統和小傳統有
關嗎？[40]

邢　也有關係，概念不一樣，大小並不一定對應著上下。古代西
方社會結構比較清楚，我們不難看到上下階層的不同。古代
中國社會跟西方社會相比，階層或階級性不是那麼嚴格。相
對於西方古典世界，中國自秦漢以後社會上下層的流動比較
多。希臘和羅馬都是階級比較分明的社會，城邦公民的身分
以財產和部族劃分，財產多的屬上層，少的依次屬中低層，
各層各有不同的階級名稱和對城邦的權利義務，改變身分很
不容易，流動性不能說沒有，但不強，階級意識比較明顯。
馬克思從階級意識講階級鬥爭，即基於對希臘羅馬社會的分
析。如果西方社會階級比較流動開放，階級意識可能就不會
那麼強烈了。

馬　甚麼因素導致中西社會有這種區別呢？

邢　就某些方面看，秦漢體制是一個了不起的體制。它將原本周
人以征服者之姿，為鞏固征服者利益而建立的封建體制，轉
換成一個泯滅征服者和被征服者界限的非征服性、或者說編
戶齊民的體制。周人為維護征服者的利益，以封建嚴格區分
統治者和被統治者，階級一度嚴格分明。可是從春秋戰國以
降，封建階級打破，布衣可以為卿相，俊秀可以憑才德配六

40　余英時，〈漢代循吏與文化傳播〉，收入氏著，《中國思想傳統的現代詮釋》
（臺北：聯經出版，1987），頁 167–258。

國相印。這是李宗侗、許倬雲老師強調的社會流動。中國社會的基本結構自秦漢以降變成最上層是一家一姓的帝王，中層有官僚士大夫，下層為齊民百姓。齊民百姓依靠才德，不是家世，不管是舉孝廉，還是科舉，優秀的人才和讀書人均有機會成為官僚士大夫。這種流動和開放性是古代其他文明社會少有的。或許正因為這種開放，允許較大的流動，體制中的芸芸眾生可有上升作官、分享權力和體制利益的機會和盼望，因此社會精英不是那麼急於改變或推翻，而是進入並維護這個體制。這一體制相對於其他文明的政治體制要穩定得多，竟能長存近兩千年。

馬　我基本上是同意的，但秦漢時代只有少數人有機會讀書，會否限制了向上層流動？

邢　當然是少數。古代社會有機會讀書的都是少數，希臘、羅馬也是這樣。印度只有婆羅門和剎帝利階級能讀書，也是少數。古代兩河流域和埃及留下很多泥版文書和莎草紙文書，能寫字的不也是極少數？

馬　希臘、羅馬還有一個特別之處，那時候有很多奴隸，他們可以讀書，但終身只能為奴。

邢　至少在羅馬時代，奴隸身分可以根據法律解放，把奴隸身分解除掉。雖然還有為主人服務的義務，但不再是所謂的奴隸，應該說是解放奴。實際上，領導羅馬政府的是少數的貴族，如元老階級，身旁幫助他們管理的都是奴隸或解放奴。這些人跟一般農莊中從事生產活動的奴隸不一樣。羅馬時代有很多希臘奴隸甚至是學者。希臘的城邦雖然被羅馬征

服，但羅馬人很喜歡希臘文化，如文學、哲學和科學等，羅馬人依賴希臘人，讓他們做羅馬人的老師。希臘人被征服，很多人成了奴隸，但他們的地位很高，奴隸身分可以被解除，可以繼承財產，可以有家庭，其小孩可以變成公民，有公民權。羅馬貴族有自己的莊園，不是自己管，都是由奴隸或解放奴去管理，商業也在他們手裏。羅馬詩人何芮斯（Q. Horatius Flaccus，前 65-前 8）說：「野蠻的羅馬人征服了希臘，卻又被希臘所征服。」這句話可以從很多角度去理解。中國的情形不一樣，秦漢所謂的奴基本上是家內奴（servants），農業生產的主體是編戶小農。

馬　我覺得，因為您有研究羅馬史的背景，所以您看秦漢的問題跟很多學者不一樣。能否多談一點古代中國社會上下層之間的關係？

邢　我一直考慮一個問題：社會階層流動。從前讀許倬雲先生的書，講到社會階層流動。那時候其他一些社會科學的書也講社會階層化（stratification）的問題。我就好奇一個社會中的文化到底分幾層？是下層影響上層，還是上層影響下層？我當然假設兩種都存在，事實也是兩種都存在。中國從先秦開始講布衣卿相，下層的人可以從社會底層流動上升，從被治者變成治人者。對不對？

馬　這就是許倬雲教授的主要論點。

邢　對啊，包括錢穆（1895-1990）也是一樣。錢穆《國史大綱》說劉邦（前 256/247-前 195）建立的是「平民政府」，[41] 學生時

41　錢穆，《國史大綱》（北京：商務印書館，1991），頁 128–130。

代曾覺得很對。後來發現真的是平民政府嗎？中國真的像西方社會科學或馬克思講的有階級意識（class consciousness）嗎？很多問題在我腦海中打轉。我接著問，到底是上層精英影響下層平民，還是下層影響上層？一直到今天這還是我關心的問題。

馬　那您現在的想法是怎樣？

邢　在中國，其實上層影響下層的現象較明顯，相關資料也較多。老百姓從來是沉默的多數（silent majority），沒有多少自己的聲音，也扮演不了關鍵的角色。近百年來大家喜歡談農民「起義」，建立這個那個農民政權。請看看那些起義的農民一旦掌權，有誰不接受被推翻的上層那一套？他們有誰因為自己是農民，出於階級意識或階級感情，進而建立一套代表農民利益的新體制？有嗎？沒有！姑且不論相互許諾「苟富貴勿相忘」的陳勝（?–前208）和吳廣（?–前208），以「蒼天已死，黃天當立」為號召的黃巾之亂和太平天國都沒有。太平天國那些天王一旦變成天王，很快化身舊貴族，三妻四妾，紙醉金迷。總之，中國傳統所謂的文化，基本上是以上層少數精英創造的文化為文化，不斷吸引著下層仰慕欽羨的目光。

　　近代史學研究理論中有一種叫「由下而上」，從下層看歷史（history from below），也有很多人這樣去做。[42] 我也受到影響，關注基層或下層社會。但是，第一，歷史上沉默的多數本來就沒留下多少聲音；第二，我們能見到的歷史紀錄，

42　這種研究取徑，參劉增貴，〈下層の歷史と歷史の下層〉，頁 261–265。

幾乎都出自讀書人之手，他們都不是真正的卜層百姓。有時
讀書人也會說說市井小民的願望，出於同情而發抒小民的不
滿，但留下來的詩文畢竟不是出自小民之口。錢鍾書先生
（1910-1998）選註宋代詩詞，蒐集了很多這類材料，但都
不是小老百姓自己寫的。俚曲民歌可以反映小民的心聲，可
惜聲音隨風而逝，無跡可求；戲文話本口傳為多，抄成文字
能流傳的也極少極少。如果要找小老百姓的聲音，反而在石
匠、畫工、陶師等所遺留，非聽覺性和非文字性的壁畫、石
雕或陶瓷等器物作品中可以析離出一二。當然在他們的作品
裏，也可以清楚看到上層文化和意識形態無所不在的痕跡。

4 中國社會的「封建化」

馬 您在 2011 年出版四冊文集的時候，寫了一個長序，對自己的
學術研究做了一個概括的總結。[43] 今天，大概是九年之後，它
還能代表您的想法嗎？

邢 基本想法沒有改變。我還是認為「封建」在傳統中國沒有完
全死亡。周代封建制是一個典範（paradigm），如同古希臘的
城邦制是另一種典範；它們的框架和背後的思想對後代具有
長期的籠罩性。從這一角度看，也可以說傳統中國兩千年是
處於一個由上而下完全「封建化」的過程裏（笑）。我所謂的
封建是中國周代建立的體制，不是馬克思理論下以西方歷史

---

43 邢義田，〈序〉，載《天下一家》。

為據的封建，也不是五朵金花時代中國學者口中的封建，請不要誤會。

為甚麼這麼講呢？封建時代，周王是王又是天子，其下的諸侯有國，大夫有家。「天下—國—家」原來都是統治階層用的名詞和概念。可是秦漢以後，秦始皇雖創「皇帝」之號，還是自稱「天子」，郡縣則像「國」一樣。如果去讀嚴耕望先生的書，他特別提到，即使在郡縣時代，郡縣的司法、行政、財政、軍事各種權力其實全部集中在郡縣守長的手裏。有印象嗎？[44] 這跟一個國君或諸侯王，除了不能世襲，有甚麼實質上的區別？漢朝初年有所謂的「郡國並行制」。後來的「國」，雖然理論上消失或削弱，但是漢代地方官員權力之大，像一方諸侯一樣，遠遠超越後代。這就是我剛才說的放在一個長時段，不單看秦漢，秦漢時代的君王和地方官員為民之父母，和周天子一樣。有水旱之災，都要禱祝求雨止雨，背後「在余一人」的意底牢結（ideology）千年一貫，直到近代！1944 年夏鼐先生（1910-1985）考察中國西北，日記中提到敦煌縣的宋縣長因旱，下令禁屠，自己戴著柳條帽，赤足，五步一拜，率領當地紳親，赴月牙泉取水求雨。[45] 今年（2021）臺灣大旱，各地廟宇行祭求雨，地方首長也隨眾進廟燒香。

44 嚴耕望，《中國地方行政制度史甲部：秦漢地方行政制度》（臺北：中央研究院歷史語言研究所，2006），頁 77-97。

45 夏鼐，《夏鼐西北考察日記》（北京：社會科學文獻出版社，2018），上冊，民國三十三年（1944）五月二日條，頁 59。

　　郡縣地方首長以下，以前是大夫有家，現在是齊民百姓也有家，所以有所謂的「家人言」。《漢書・儒林傳》說老子的話是「家人言耳」，就是講一般平民之言。這個「家」本來是一個貴族的象徵，可是老百姓現在居然有「家」。這不正反映封建時代的一些名詞和概念，現在往下延伸了嗎？以前只有貴族有爵，但是秦的平民可憑軍功享有二十等爵，這個「爵」是不是也往下延伸？以前只有貴族可以當兵，現在平民也可以當兵。上層的一些價值、使用的一些政治符號，其實也是往下擴張，把齊民百姓包括進去。周朝封建體制「天下—國—家」的核心結構特徵以及兩周戰國以來以忠、孝為核心的價值體系，支配傳統中國足足兩千年。一直到現在，有些地方還將政治領袖看成是「大家長」或「父母官」；「忠黨愛國」和「為民族盡大孝」這類話不是仍時時迴蕩在耳邊嗎？這可以說是人類史上的一大奇跡。

5　儒家地位的反思

馬　另一個相當有意思的問題，是您對漢代儒家地位的反思。譬如您寫「孔子見老子」，以及通過《奏讞書》的「和姦案」看法律的儒家化，反思儒家在漢代的地位。[46] 一般的說法是漢武

46　邢義田，《畫外之意》；邢義田，〈秦或西漢初和姦案中所見的親屬倫理關係 —— 江陵張家山 247 號墓《奏讞書》簡 180–196 考論〉，載柳立言主編，《傳統中國法律的理念與實踐》（臺北：中央研究院歷史語言研究所，2008），頁 101–159，修改後收入氏著，《天下一家》，頁 489–539。

　帝（前 156-前 87）罷黜百家、獨尊儒術，然後儒家取得正統
　地位。您這些看法是怎樣發展而來？

邢　前面說過，我大學時很喜歡讀諸子百家，注意到儒家只是百
　家中的一家。後來大家受到傳世文獻的影響，認為漢武帝獨
　尊儒術，百家都被收編到儒家的旗幟之下。針對這個問題，
　我對漢代史料有些反省。今天讀秦漢史基本上都利用四史等
　傳世文獻，把它們看成最重要的史料。可是就像現在流行的
　史料批判，對文本要有所批判：誰寫？士大夫寫的；寫給誰
　看？給君主和士大夫等統治者看。這批書寫者和閱讀者有他
　們特殊的背景和觀點，簡單地說是從一個儒生士大夫的角
　度，依據特定的意識形態或思想體系去詮釋歷史。例如儒生
　出身的班固（32-92）寫《漢書》，不自覺地放大了儒生的
　角色。在他筆下，儒生懷抱經典和理想，於兩漢之際一步
　步走上權力的舞臺，成為歷史轉移變化的重心。再舉一個個
　案——董仲舒（約前 179-前 104），他就被班固明顯放大。
　《漢書》收錄了董仲舒上武帝的《天人三策》，《史記》一字
　未收。好像漢武帝因聽從董仲舒復古更化，尊崇儒術的話，
　儒家就獨尊，百家就罷黜了。後來的人受到影響，又沒有別
　的書可參照，自然也就認為是如此。馮友蘭（1895-1990）寫
　《中國哲學史》，區分漢武帝之前是「子學時代」，以後為「經
　學時代」就是一例。

　　可是真是這樣嗎？仔細一看，董仲舒上了《天人三策》，
　武帝沒把他當回事，下放其到江都國去當江都相。江都國在
　今天江蘇揚州一帶，離長安十萬八千里。武帝卻把司馬相如

（約前 179-前 117）、東方朔（前 154-前 93）這類看上眼的人物留在身邊。儒家在武帝時何曾獨尊？百家何曾消滅？不是那麼簡單。「儒」這個概念本身很複雜，儒家是不是處於獨尊的地位呢？要從多方面去看。

我關注基層社會的一般百姓，以及上層精英文化與下層平民社會怎樣互相影響，所以才會去注意圖像材料裏的「孔子見老子」，希望發現精英分子崇奉的孔子，在工匠手裏是甚麼面貌。我想了解：為何「孔子見老子」這一母題（motif）在漢墓圖飾中會那麼受歡迎？雖然墓主很多是地方大小官員，他們對人生的想像和期待跟傳世文獻中呈現的一樣嗎？答案是：不全一樣。人到臨終都不免關心生命的去處，死後會如何？而生死問題孔老夫子避而不談。他說：「未知生，焉知死？」大家讀《論語》就知道。可是每一個人都要面對死亡，都會有好奇、想像和焦慮，這是一個普遍性的問題。可是孔老夫子和儒家經典偏偏避而不談。

秦漢時代的人或活著時即修墓（笑），或求仙求不死，抱著一絲希望。實際上心裏都明白沒有誰能夠逃過死亡。秦始皇和漢武帝一邊求仙，一邊修陵墓。大家都不免要問一個終極的問題：死了以後到哪裏去？有來生嗎？來生會如何？我發現在漢墓圖飾中，老子在一般人的想像中反而比孔子更重要。

漢人相信老子掌握著長生久視和成仙不死之術。道教奉老子為教主，教人如何長生、煉丹或求仙，即便死了，也會尸解成仙。佛家斷言人有來世，來世禍福是基於今世的善惡。人會受審判，惡人下地獄，好人進極樂世界，佛弟子誠

心修煉，可以脫離輪迴，進入涅槃或成佛，永世不滅。這些都給人們一個飄渺但永恒的希望。儒家關注今生今世，不談死後。相比之下，儒家明顯有局限性，難以撫慰人心的渴望和焦慮；老莊、佛道在這些人生的重大方面，彌補了儒家的不足。東漢中晚期以後儒學漸衰，老莊、佛道轉盛，這是一個原因。

馬

即使宋代以後，也是如此。

邢

此外，在漢代墓葬中有很多跟底層社會的信仰有關，就是巫祝信仰。巫祝信仰是中國最基礎的信仰，從商代甚至先商的巫開始，這一路信仰的力量太大。漢代墓葬圖飾中有很多我們叫不出名字的神靈和奇禽異獸，都不是隨便的刻畫，背後應該都有特定的意思。它們代表甚麼？説實在今天仍然有很多無法理解。但可以推想它們和人的禍福吉凶有關。漢代人不分階層上下都熱衷於求神問卜，擇日吉凶，祈求趨吉避凶、預知不可測的命運。這些焦慮和願望，十分根本，一直到今天還是這樣。

巫祝以及秦漢以降所謂的方士或術士以回應這些焦慮和願望為業，生意興隆。據説漢代男女不耕不織，紛紛改行當巫祝，《鹽鐵論》説多到「街巷有巫，閭里有祝」的地步，他們此後在中國社會從不曾消失。這部分該不該注意？當然應該注意。曾有人説中國是理性早熟的文化，很早就從神、巫的世界走出，也有人説至少自春秋戰國，「儒」取代了古代的「巫」成為思想和知識的主宰。這些話從社會金字塔的頂端去看，就某一部分的人而言，有一定的道理；如果從整座金字塔去看，就會看到從底到頂，巫的勢力或強或弱，其實存

在於幾乎每一個人的意識或潛意識裏。因為不論居於金字塔的哪個位置，就普遍人性而言，人非純然理性的動物，也有感性和非理性的部分。不同的部分都會引發不同的想像和追求，也就產生不同，甚至矛盾的焦慮和願望。[47]

6　士大夫以外：工匠與刀筆吏

馬　您研究圖像的時候，發現在士大夫控制的文字傳統之外，還有一個工匠的傳統，這也與上面談及的認識有關嗎？

邢　對！這是注意這些問題的原因。如果我們只看傳世文獻，同一批人掌握著歷史的話語權，我們聽到的是同一類聲音。當我看圖像材料時，雖然發現很多面貌與傳世文獻相似，但也會在縫隙中發現異樣的情況。為甚麼會這樣呢？這些異樣使我想到在書寫文化以外，是不是還有一個於文字傳統中失聲，口傳傳統的存在？下層民間有許多東西不一定依靠文字，而靠口耳相傳；很多的神靈崇拜、傳奇故事和知識框架和上層士大夫不一樣。這個部分非常重要。民國初年至抗戰時期，有不少學者致力蒐集方言、民謠和戲曲，就是想要將下層的聲音發掘出來。共產黨得天下後仍繼續這方面的工作。可惜我對這部分知道得不夠，不成系統，沒法好好評估

---

47 這類討論很多，僅舉最近廖咸惠，〈正學與小道 —— 真德秀的性命論與術數觀〉，《新史學》31.4（2020）一文為例，即可見儒與巫和術數傳統不曾割裂，始終若即若離，甚至糾纏難分。又可參廖咸惠，〈體驗「小道」——宋代士人生活中的術士與術數〉，《新史學》20.4（2009），頁 1–58。

下層是否曾經，或在多大程度上，又在哪些方面影響了上層。

歷史話語權畢竟建立在文字上。工匠們不一定掌握文字，藉著工藝圖飾反而有機會傳達一些不同的東西。我曾試著去抓這一部分，奈何時空遙隔，能抓到的相當有限，如何適當地解說尤其不容易。以漢代來說，圖像資料裏有太多和比較低層的信仰有關，和文字傳統反映的頗有不同。我對這部分極感興趣，因此一度花時間讀《太平經》。《太平經》中有些不見於其他傳世文獻，應與下層思想有關。[48] 可是，要掌握這個部分難度同樣不小。

馬　相當有趣。與工匠傳統相似，就是您最近談得比較多的刀筆吏傳統，這個傳統也是跟士大夫的傳統不完全一樣。過去我們只著眼傳世文獻，現在我們有出土的簡牘文書，其中絕大多數出自地方單位中下層的刀筆吏。從比較長的時段來看，這個傳統其實也挺「封閉」。秦漢刀筆吏跟魏晉胥吏、清朝幕府師爺等無緣科舉的官府幕僚一脈相承，又與上層士大夫官僚傳統有區別。

邢　漢代士大夫官僚體制建立以後，大家認為這是一個分層負責的新制度。事實上，「官」這個階層還保留了很多封建時代的色彩。「官」的特點是，仍保有封建時代公卿大夫的餘韻，自

48　邢義田，〈《太平經》對善惡報應的再肯定──承負說〉，《國文天地》8.3（1992），頁 12–16；邢義田，〈《太平經》裏的九等人和凡民奴婢的地位〉，《燕京學報》新 21（2006），頁 23–33；邢義田，〈從《太平經》論生死看古代思想文化流動的方向〉，載劉翠溶主編，《中國歷史的再思考：許倬雲院士八十五歲祝壽論文集》（臺北：聯經出版，2015），頁 175–186。三篇文章修改後分別收入氏著，《天下一家》，頁 589–597、598–608，以及氏著，《今塵集》，頁 135–148。

以為無所不知、無所不曉，「一事之不知，儒者之恥」。他們不擅也不屑掌理官職上的細務，而在意「大體」或者是所謂治國之大經大脈。他們高高在上，不親庶務，行政瑣事全由小吏去擔當。

　　我很贊同閻步克先生指出官僚體制的「吏化」，他有一些觀點跟我想的不謀而合。[49] 不過雖說「吏化」，封建的陰魂未曾盡散，「官」跟「吏」還是有區別。用漢簡中的例子來說，我不是寫過關於公文書簽署的問題嗎？[50] 很多簽署並不是主官自己簽名，而是手下的屬吏代簽，反映了主官們不親自處理日常例行性事務（daily routine），刀筆小吏代勞一切。有些官員喜好親理庶務，就會被貼上「好吏事」的標籤，甚至被譏諷成「但知刀筆，不識大體」。「官」跟「吏」的區別在歷史上一直存在著，區別嚴格的程度和表現的形式隨時代有些不同罷了。

馬　我同意這個說法。如果我們回想班固提到當時整個官僚體制的人數，大概有十二萬多，主要官員其實不超過百分之一，其他的都在中下層不斷的打轉。我們看尹灣漢墓的師饒，他已經相當風光，但他不過是個功曹史！由於傳世文獻傾向以人物為主，記載的都是能夠往上流的人，其他在中下層打轉

49　參閻步克，《察舉制度變遷史稿》（瀋陽：遼寧大學出版社，1991）；閻步克，《士大夫政治演生史稿》（北京：北京大學出版社，1996）；閻步克，《從爵本位到官本位：秦漢官僚品位結構研究》（北京：生活・讀書・新知三聯書店，2009）；等書。

50　邢義田，〈漢代公文書的正本、副本、草稿和簽署問題〉，《中央研究院歷史語言研究所集刊》82.4（2011.12），頁 601–678，修改後收入氏著，《今塵集》，頁 191–254。

的人都沒有紀錄。

邢　對，中下層的吏才是官僚群的主體。所以我跟學生講，現在
　　是研究刀筆吏文化的好時機。因為現在有源源不斷出土地方
　　官府的簡牘文書，可以看到越來越多的細節，包括行政流程
　　以及刀筆吏在當中扮演的角色。

馬　其實，閻步克先生的分類也是按傳世文獻中的分類，包括「文
　　吏」相對「儒生」、「酷吏」相對「循吏」，都是一些刻板印
　　象（stereotypes）。但是，如果我們看法律文書、《奏讞書》，
　　刀筆吏的世界可能更加複雜。

邢　簡牘文書是當時原始的文書，最能夠反映刀筆吏世界的複雜
　　性和真實面貌。王充（27-約100）大力批評的文吏，也就是
　　刀筆吏，在他口中文吏似乎都是一丘之貉，千人一面。這當然
　　是出自特定立場，簡單化了問題和現象，很值得我們去對照一
　　下他說的和簡牘中反映的刀筆吏實態，重新評估刀筆吏的特色。

7　讀寫能力與經濟生活

馬　最近幾年，您寫了很多關於基層社會讀寫能力（literacy）的論
　　文，特別是基層官吏和平民的 literacy。[51] 我首先想問，您怎樣

51　邢義田，〈秦漢平民的讀寫能力 —— 史料解讀篇之一〉，載邢義田、劉增
　　貴主編，《第四屆國際漢學會議論文集：古代庶民社會》（臺北：中央研
　　究院歷史語言研究所，2013），頁241-288；邢義田，〈漢代邊塞隧長的
　　文書能力與教育 —— 對中國古代基層社會讀寫能力的反思〉，《中央研究
　　院歷史語言研究所集刊》88.1（2017.3），頁85-144。兩文修改後分別收
　　入氏著，《今塵集》，頁3-42、43-97。

去理解甚麼是 literacy 呢？

邢　這真是一個很困難的問題。我提到西方學者對此已有很多討論。這也跟上層精英文化與下層社會關係有關。精英文化很重要的一點就是書寫文化，書寫能力的有無，是能否進入精英階層的一張門票。中國社會階層是相對比較流動開放的，如果有機會掌握書寫能力，就有機會提升到比較高的階層。因此我會關注一般的老百姓怎樣學習讀書寫字這個問題。以前的學者討論明清以後讀寫能力的比較多，討論宋代的也有，討論宋以前的很少，因為古代材料太少。現在有了這麼多簡牘，可以幫助我們重新思考這個問題了。

　　甚麼是讀寫能力呢？不同的社會、不同的職業，都有讀寫的要求，需要性不很一樣。討論這個問題最困難的地方是怎樣給讀寫能力一個定義，我做不到。我的文章一開始就說得很清楚，我不去討論某朝某代有百分或千分之幾的人會讀書識字。那篇文章主要的目的是提醒我們，面對不同材料的時候，譬如說簡、碑、磚上的文字，它們的性質都並不一樣。以前我們通常只是把碑文錄下來，花力氣於釋讀或考證碑文。面對刑徒磚，大家的方法、態度也沒有甚麼不同。但我想要進一步追問：碑和磚文是誰刻的？誰寫的？寫和刻的是不是同一人？刻石的石工可以刻字，但不一定代表由他撰寫或他懂文字的內容。有一些碑銘有套路，有一些不一定有，要看是誰的碑。作者是誰？又是誰去操辦立碑的事？這可能有很大的差別。也就是說怎麼製作、誰製作、工匠在當中扮演甚麼角色，過去比較少人去追問。我從西方對讀寫

能力的討論獲得啟發，就想追問中國古代是如何，所以我才寫了那篇文章。而且，我發現還有一點過去學者也不談。簡牘、碑刻文字後面署名張三李四，但這些名字不一定是張三李四自己寫的，常有人捉刀。代筆的問題過去不太有人留意。

馬　發現代筆問題，是因為您研究雯都蘭達木牘（Vindolanda tablets）的緣故嗎？[52]

邢　對。羅馬木牘中有很多私人書信和最後署名筆跡都不一樣，西方學者如 Alan K. Bowman 曾討論。[53] 中國也一樣，並不是所有人都會書寫，常找人代筆。在中國農村社會，真正會寫字的人是少數，大部分都是口授代筆，如老母親找私塾或算命先生寫封信給遠方的兒子，要他寄點錢回家之類（笑）。

馬　您關於秦漢史的研究幾乎遍及每一方面，但當中似乎以寫制度和社會最多，這是您的興趣使然，還是與您對此一時代的總體判斷有關？認為這些方面比較突出，所以集中討論？

邢　其實還有一些問題想寫，但還沒寫。譬如剛剛說農業很重要，實際上我沒有寫很多農業和經濟方面的文章，不代表沒有注意到這些，只是個人的精力實在有限，僅寫過農具、度量衡、貨幣的使用，以及中央和地方的財政支出。[54] 我還準備

52　邢義田，〈羅馬帝國的居延與敦煌 —— 英國雯都蘭達出土的駐軍木牘文書〉，《西洋史集刊》5（1993），頁 1–29，修改後收入氏著，《地不愛寶》，頁 258–284。

53　例如 Alan K. Bowman, *Life and Letters on the Roman Frontier: Vindolanda and Its People* (New York: Routledge, 1998)。

54　例如邢義田，〈一種漢晉河西和邊塞使用的農具 ——「鑣」或「橋」〉；邢義田，〈張家山漢簡《二年律令》讀記〉，《燕京學報》新 15（2003），「經濟與財政」一節，修改後收入氏著，《地不愛寶》，頁 164–172。

過一些題目，沒有寫。例如曾讀過一本書講述清朝一位官員的經濟生活，他有哪些收入和支出。這啟發我去想：漢朝官員又是如何？不同階層的官員有哪些收入來源和支出？又有哪些按成規或不按成規的灰色收入？我累積了一大堆資料卡片，這是早年想做的，一直沒寫（笑）。這都跟經濟有關。我關注基層農民的生活，譬如說男耕女織等等成說。孟子告訴我們古代存在社會分工，男耕女織，我一直很好奇實際情況是怎樣。我們不能看傳統文獻說男耕女織，便以為實際情況就是那樣。我經常會問，別人告訴你那樣，但真的是那樣嗎（笑）？

今天跟您說過我對「家」的重視，[55] 所以我才會想到一些與「家」有關的問題，如家庭經濟（household economy）。我注意到這個問題，其實也跟我讀希臘、羅馬史有關。我們今天講的經濟學（economics），在古代希臘就是怎樣當一個家的管理人（house-keeper）：怎樣去經營一個家？怎樣去管理一個莊園？怎樣去管理奴隸？怎樣把生產的剩餘轉換成生活的必需品？以及怎樣去做一個莊園的管理者？這是希臘文 oikonomos 的原來意義。希臘的色諾芬（Xenophon，前 427-前 355）即曾留下這樣的著作《經濟論》（Oeconomicus），告訴我們怎樣去管理一個家的莊園，包括管理小孩、妻子和奴隸（笑）。羅馬共和時代的著名監察官卡圖（Marcus P. Cato，前 234-前 149）、瓦羅（Marcus T. Varro，前 116-前 27）都有類似管理農莊和奴隸的著作存世。其實，馬克思的想法很多

55　整理者按：這是邢教授在正式訪談前提到的。

來源自他對希臘、羅馬史的認識。古代中國就只有《漢書·食貨志》引用戰國李悝（前 455-前 395）對一個農家經濟生活的描述，包括有幾口人、多少地、多少收入和支出等等，[56] 材料就那麼一點。當然《孟子》、《管子》、《周禮》等書也有一些。我發表的對這些僅僅點到即止，但心中一直想多寫一點，談清楚。

8　帝國的想像

馬　邢教授，您應該還有很多論文在寫，但是還未有發表。我記得您曾提到一篇文章，就是漢代的邊郡與內郡，這個問題您考慮了很長時間。[57]

邢　對，寫碩士論文的時候就開始思考這個問題。碩士論文寫漢代的「以夷制夷」政策，很重要的一點就是邊郡、邊區跟外族的關係，所以很早就注意到這個問題。可是，我一直沒能寫出，因為一直沒有比較確定、較好的材料，一直到今天還埋在抽屜裏。

56　「今一夫挾五口，治田百畮，歲收畮一石半，為粟百五十石，除十一之稅十五石，餘百三十五石。食，人月一石半，五人終歲為粟九十石，餘有四十五石。石三十，為錢千三百五十，除社閭嘗新春秋之祠，用錢三百，餘千五十。衣，人率用錢三百，五人終歲用千五百，不足四百五十。不幸疾病死喪之費，及上賦斂，又未與此。此農夫所以常困，有不勸耕之心，而令糴至於甚貴者也。」見〈食貨志上〉，《漢書》（北京：中華書局，1962），卷 24 上，頁 1125。

57　邢義田，〈漢代公文書的正本、副本、草稿和簽署問題〉，頁 669，註 121。

馬　您覺得今天的條件足夠嗎？

邢　不夠。不能解決的問題是：哪些是邊郡？我們讀漢代的文
　　獻，常常見到「四邊」、「三邊」這些詞，對不對？我們當然
　　可以把它們理解成邊緣、周邊的邊區，但具體是哪一些區域
　　呢？譬如居延簡上常提到「北邊」甚麼令，但「北邊」到底
　　包括哪些郡或地區？我們可以考證出某些漢代所謂的邊郡，
　　但明確包括哪些郡？範圍有無變化？內外郡有無區別？到今
　　天，還有太多資料欠缺和模糊的地方。這個問題放在那裏幾
　　十年仍放著，就留給他人去解決吧。

　　　　這牽涉到秦漢時人對帝國空間的想像。怎樣想像這麼龐
　　大的一個政治空間，每一區域對帝國的意義？它的功能、要
　　發揮的作用、要用甚麼方法去治理，相關的具體制度又是甚
　　麼？對一個龐大帝國的統治者而言，每一個區域意義會不太
　　一樣。例如漢代有「山西出將，山東出相」的諺語，這就涉及
　　時人對帝國的理解和想像。漢代還有「關東」、「關西」和「山
　　東」、「山西」的區域概念，也有天上星宿和地上州域的對應概
　　念。[58] 這些背後都和意底牢結有關。我們讀《漢書·地理志》，
　　某個區域的人的特性是怎樣，他們主要從事那些活動，跟別的
　　地方有何關係或不同，這都反映在他們的想像裏。帝國內存在
　　著各有特性的空間和人事，是不是？有邊郡，也有內郡，這個

58　參邢義田，〈試釋漢代的關東、關西與山東、山西〉，《食貨月刊》13.1
　　（1982），頁 15–30；邢義田，〈試釋漢代的關東、關西與山東、山西補
　　遺〉，《食貨月刊》13.3（1983），頁 44–46。修改後收入氏著，《治國安
　　邦》，頁 180–210。

帝國的想像有內、有外、有層次，所以古人有內外五服之說。哪些是比較核心的區域？哪些是比較外圍的區域？哪些是更邊更遠的區域？這就牽涉到那時人們對一個國家的政治空間的想像。因此，我才會注意邊郡和內郡，譬如在法律上、財政上及文化上，時人是怎麼想像和對待內郡和邊郡。

馬　這是從士大夫、統治者的角度來講。

邢　因為研究皇帝制度，考慮這個問題當然是從統治者的立場來想像。他們怎麼想像這個空間，對待不同空間中的人群各用甚麼政策？如果郡縣內有蠻夷，那個行政區域就叫做「道」。要不然就是郡縣。這就反映當時的意底牢結。因為我關注基層百姓，原本很想知道小老百姓對空間的想像，甚至外族對秦漢帝國的想像，可惜幾乎沒有資料留下來。

馬　我看過您跟《上海書評》做的一個訪問。[59] 記者問到，古羅馬與秦漢中國的根本差別，您曾經提到兩者對帝國的不同想像。

邢　很不一樣。第一，秦漢中國有一個龐大且獨一無二的官僚體制。第二，最重要的是中國古代有「天降下民，作之君，作之師」的想法，統治者不僅僅是統治者，還是民之父母和教導者。用傳統的說法，君王對百姓不但「治之」，還要「教之、養之」，這才是父母。這樣的意底牢結或想像，古代羅馬沒有。

馬　從秦漢統治者的角度來說，「忠」跟「孝」一體的，國家就是家庭的延伸和擴大。

---

59 盛韻，〈邢義田談羅馬史背景下的秦漢制度〉，收入田餘慶等，《上海書評選萃：穿透歷史》（南京：譯林出版社，2013），頁 70-84。

邢　一體的。古代羅馬也沒有這個特點。羅馬人認為自己是征服
　　者。各個行省（provinces）的老百姓都是被征服的，所以他們
　　低一等，沒有公民權，只有羅馬人才有公民權。被征服的行
　　省要納稅，人頭稅、財產稅上交給中央。羅馬各省有稅額，
　　羅馬政府拍賣各省的稅，由出價最高的包稅商得標，取得徵
　　收某一省稅的資格，負責收到足額的稅，多的部分就是包稅
　　商的收益。「包稅制」反映出一種征服者與被征服者關係的想
　　像和實態。[60] 一直到公元 212 年，羅馬皇帝為了擴大兵源和財
　　源，才授予帝國所有男女公民權（圖 38）。三世紀以前，雖
　　然身在帝國之內，各省人民的法律身分和地位是不平等的。
　　然而，中國的百姓自秦一統以後，號稱都是編戶齊民。

馬　但是，在中國蠻夷都有他們的戶口，註冊在另外的簿籍上。

38　2017 年，由德國學者拼綴公佈的一件普授公民權詔令 Constitutio Antoniniana 莎草紙殘本（採自網絡）。

60　關於羅馬征服者的心態，可參南川高志編，郭清華譯，《帝國與世界史的
　　誕生》（臺北：臺灣商務印書館，2021）。

比方說在《奏讞書》中有「蠻夷大男子」的記載，他要負擔不同的賦稅。

邢　目前還說不清楚。因為據文獻，他們不用像編戶一樣交稅，只要進貢一些當地的特產就可以了。秦或漢政府最在乎的是蠻夷表示歸順，不惹事，尊重中央的威權，按時進貢點方物，當作順服的象徵。所以《奏讞書》裏有些蠻夷說本來可以不服役的，但是由於漢朝政府要他服役，就逃亡了。政府派人去抓，雙方產生對權利義務認識上的差距。我覺得漢與非漢或少數民族之間的關係始終處於一種游移變動而非固定的狀態，就看哪一方的力量大、拳頭硬，扛得住。

9　比較史學

馬　這個就是秦漢中國跟古羅馬的根本差異。可以這樣說嗎？

邢　應該不是。羅馬和外族之間也是力量強弱的博奕。根本差異是羅馬有一個城邦傳統，中國沒有城邦傳統，所以權力的來源、合法性的建立和對帝國的想像有本質性的不同。羅馬沒有天命，它的權力來源是羅馬城邦的公民，公民就是主權的擁有者，所以作為一個統治者、一個領袖，他的合法性是建立於所有公民的同意之上。不管是透過元老院或是公民大會，任公職者都是被選出來，經過大家同意的。城邦的法律也是由元老院或公民大會提出議案，公民大會同意，這個法律才對所有公民具有約束力，大家都要遵守。因此，奧古斯都（Augustus，前 63-14）有一個「第一公民」（princeps）的

39 有「CAESAR … PRINCIPIS」字樣獻給奧古斯都原繼承人盧休斯．凱撒
（Lucius Caesaer）的紀念石碑殘文，2016 年 11 月 27 日攝於德國特里爾
萊茵國家博物館。

尊號（圖 39），他也自稱「第一公民」。所謂「第一公民」，
基本身分是公民，惟為公民中的第一人，元老院開會時他坐
第一排，第一個發言。中國古代沒有這樣的概念。中華大地
上的皇帝受命於天，乃真龍降世，非凡人俗胎，本質上不可
能是和常民百姓等齊的「齊民」，因此絕不可能有「第一齊
民」。「第一齊民」在古代中國完全無法想像。

馬　那麼羅馬和秦漢帝國相同的地方是甚麼呢？甚麼讓您覺得它
們有比較的基礎？

邢　相似的地方就是它們都成功地成為一個龐大的帝國，羅馬一
度主宰地中海世界，秦漢主宰歐亞大陸的東端。所謂龐大的
帝國，是指能夠較長期地控制廣大的領土、眾多的人口，進
行有效的統治，集中和分配人力和物力資源，維護穩定的
秩序和安全。喔，您說匈奴也有啊！一個強而有力的單于
就可以把草原民族集合起來。但是它的組織太脆弱，暴起
暴落，無法形成長期有效的統治。社會學家埃森斯塔（S. N.
Eisenstadt, 1923-2010）曾比較古代幾個主要帝國的官僚政治
體制，那樣的比較在一定程度上是有意義的。[61]

61 S. N. Eisenstadt, *The Political Systems of Empires* (New York: Free Press of
Glencoe, 1963).

馬　比較研究需要多方面的條件。我早先問過您是否第一個到美國學習古羅馬歷史的華人，也許難以證實，但您是否第一個同時具備研究古羅馬和秦漢中國條件的人呢？就是在這兩個傳統都受過訓練。

邢　顯然不是。中外兼修的前輩太多，我完全不能和他們相比。例如民國初年有一位非常有名的學者 —— 雷海宗（1902-1962），對希臘羅馬史和整個歐洲史都非常熟悉。他雖留學歐美，對中國史也非常熟悉，有心效法像史賓格勒（Oswald A. G. Spengler, 1880-1936）《西方的沒落》（*Der Untergang des Abendlandes*）那樣的大歷史研究。他的弟子何炳棣先生（1917-2012）對他評價極高。社科院考古所夏鼐先生兼修古埃及學和中國考古學，精通古今及多國語文，成績斐然。絕對有啊！我算不上。

馬　我問這個問題的原因是，我覺得很少學者具備這種條件，就是做比較研究時，對兩個文明都有基礎的訓練。我說的基礎訓練包括語言，好像您學拉丁語。另外是學科傳統訓練，正如您跟施培德教授讀羅馬碑銘，中國方面，您在臺大已有很好的訓練。很多人做比較研究時，都只懂一個傳統，另外一個傳統的知識是通過二手研究獲得。

邢　跟我類似的，蒲慕州先生也是一位。蒲先生對中國和埃及的傳統都能利用第一手的資料從事研究。我們關注的不太一樣而已。

馬　對於大部分沒有這個條件，但是又想做比較研究的人，您有何忠告？

邢　事非經過不知難，比較研究確實較難。怎麼說呢？比較研究很重要，從比較對照可以獲得對某些問題的啟發，但也很容易流於表面。有時候認識不夠，更容易出問題。舉一個例子：過去有位很著名治世界史的前輩，他研究中國古代城邦，拿希臘城邦中的公民跟中國古代的國人比較。他說中國以前已有城邦，國人就相當於希臘城邦的公民。這個說法一度影響很大。我必須說這樣比較並不合適，問題出在套用歷史理論。譬如套用馬克思理論去解釋中國歷史，比附之下，希臘有城邦，中國古代也有城邦了。

　　理論框架會讓我們掉進比較研究的誤區。所謂的理論框架，尤其是前人喜歡談的大理論、大框架，立論者往往以為放諸四海而皆準，例如世界上所有的古代文明都經過一定的發展階段。從奴隸社會，到甚麼……甚麼社會，都有一個發展過程。如果希臘、羅馬是這樣，中國和埃及也是這樣，哪裏都一樣。好像又有一個理論說水利社會（hydraulic society），對不對？跟亞細亞生產方式有關。古代農業的生產跟他們怎樣利用水資源發展農業有關，所以需要組織人力和物力來經營一個集體的農業生活，因而創造了古代文明。諸如此類的理論。立論者覺得這些是普世性的，這樣的話，就可以在一個共同的基礎上比較不同的社會。然後說某個社會有這些現象，所以這個社會已經發展到某一個階段。對不對？可是這樣的比較，沒有多大意義。很多社會的確有類似的現象，這些現象背後的原因卻不一樣，不能太簡單化。例如我們現在知道中美洲的馬雅文化和東南亞的吳哥窟都曾有非常發達的

水利灌溉和排水系統，但產生這樣的系統，背後的社會和政治體制幾乎無法放在同一個平臺上談論，不宜將它們都簡化為「水利社會」或「水利國家」。[62] 我不滿意自己的博士論文，一大原因就是所作的比較太簡單化，犯了簡單化的錯誤。只有回到那個歷史文化和社會本身的脈絡，才掌握得比較準確。這個分寸很不容易拿捏。

　　可是我覺得比較有用的是甚麼呢？就是問題的提出。譬如說，讀寫能力這樣的問題，在一個社會裏究竟有多少人能夠讀書識字，他們是怎樣獲得書寫的能力呢？像這種，可以做某種程度的比較研究，但一定要回到那個社會本身的歷史、社會、文化條件，不能用某個理論模式生搬硬套。

馬　簡單一點說，您覺得比較研究的目的是甚麼？

邢　目的在同中見異，異中見同，刺激想像，啟發問題。例如從別的文明經驗中看到不同社會的人如何面對一些基本共同的問題：怎樣去求生存？怎樣保護自己？怎樣分配資源？怎樣分配權力？怎樣溝通？用甚麼工具去溝通？表面現象或許類似，但各社會面對的方式以及背後的理由和體制卻可能天差地別。有些或許可以比較，有些難以比較，可比的程度因題

62　Charles Ortloff, *The Hydraulic State: Science and Society in the Ancient World (Routledge Studies in Archaeology)* (Abingdon: Routledge, 2020). 此書受 Karl Wittifogel, *Oriental Despotism* (New Haven: Yale University Press, 1957)（中譯《東方專制》）一書理論的指引，將南美洲、地中海的水利設施和中國的大運河放在一起討論，引起嚴重批評。評論見 Dylan K. Rogers, "The Hydraulic State: Science and Society in the Ancient World," *Bryn Mawr Classical Review*, 5th May, 2021。

目而異。

馬　應該怎樣去找比較的對象？一定要在同一個時代、屬於同一
　　種結構嗎？

邢　不完全是。要看是一個怎樣的問題。我舉一個簡單的例子：
　　怎樣面對生死？這是大家都面臨的問題，不分時代地域。但
　　是每個社會，每個人的答案都不一樣。這就要看企圖而做甚
　　麼樣的解釋。解釋的規模可大可小，很難一概而論。或許因
　　為我是受歷史學訓練，比較傾向於關注同中之異，關注個
　　人，也就是答案的特殊性，因此有時候不是很贊成社會科學
　　的做法。社會科學例如人類學或社會學往往企圖建立一個比
　　較高層次的理論體系，這個理論體系既解釋這個社會又用以
　　解釋其他社會或某些文化現象，例如宗教。有人或者認為某
　　理論的解釋力越大、越高，就證明它越有效，像自然科學理
　　論一樣。這些理論往往強調共同性，淡化或簡化特殊性，強
　　調共同性才能建立大框架。但注意每個社會、每個人的特殊
　　性並不容易建立大框架。人類或社會學理論有時太強調共同
　　性或某些模式，不免會犧牲文化之所以成為一個文化的特殊
　　性，這跟歷史學有本質上的衝突。歷史學往往比較強調特殊
　　性或者說某一個人、某一社會或某一文化的特色。

　　　　這牽涉很多理論層次的問題，非我所擅長。在我的成長
　　過程中，老師都告訴我們要去學社會科學，用社會科學建立
　　的理論模式重新解釋歷史。大家都認為能建立模式，才有「科
　　學性」，才是「科學」的史學。人類學、心理學、經濟學、社
　　會學等社會科學被認為比較科學，而歷史學不科學。就是在

這種科學主義的浪潮下，歷史學曾力圖跟科學靠攏。我們歷史系的學生曾經都得去修人類學、心理學、社會學等等。可是近幾十年已有很多人反思，真是這樣嗎？發現歷史學其實跟藝術、文學比較接近（笑），和科學比較遙遠。在這反動的浪潮裏，不少人更主張所有的歷史文獻和文學創作一樣，都是一種主觀的創造，創造的僅是某一文本（text）；文本誕生，作者即死，端看利用文本的人如何去詮釋。甚至歷史學最在乎的「時間」，也在一批解構主義者的手中被解構了（笑）。這完全走上相對於科學史學的另一個極端。這種極端的看法，必帶來虛無，我並不贊成。

10 出土簡牘

馬　您說過您到史語所才開始進行這方面的研究。整理漢簡的經驗對您有多大的影響？

邢　很大。我們整理漢簡有一個重要的態度是：以前的釋文只當參考。釋文可能有錯，也有遺漏，不一定正確，僅作參考。我們必須自己一個字一個字釋讀過，那個字才真正屬於我們；要不，都是別人的。我們整理漢簡最大的收穫是：發現問題原來這麼多（笑）。如果偷懶，只用資料庫檢索現成的釋文，下載幾條材料拿來用，論文就這樣寫。太危險了（笑）。現有的資料庫文本需要不斷因理解的增進而調整，才比較可靠。

　　可是簡牘釋文有誤不能怪前人，因我們現在掌握的工具

不一樣。前人頂多有放大鏡，沒有電腦，沒有紅外線顯影。他們做釋文往往根據不夠清楚的照片，所以即使有錯，應該同情地諒解。我們有好設備仍會犯錯啊！對不對？每個人都會有錯，沒辦法的事情，盡量做好罷了。有時候釋讀不易，釋一個字其實常沒把握，勉強在幾種可能中暫選一字。有過釋讀經驗以後，比較能夠理解前輩在他們的時代條件下做出那樣的釋文，實在已經非常了不起！我曾到香港大學馮平山圖書館看過馬衡（1881-1955）、賀昌群（1903-1973）、向達（1900-1966）、勞榦和余遜（1905-1974）做的釋文。只要比較釋文，就發現他們的功力高下，一清二楚。如果不比較，不會覺察到即使在同一個時代，每個人因基礎、背景不同，能夠釋讀出來的就不一樣。我們有前人成果為基礎，又有較好的工具，只應做得比他們更好。

馬　他們是第一批做釋文的學者。

邢　他們是第一批做居延漢簡釋文的學者。前有王國維（1877-1927）和羅振玉（1866-1940）釋讀魏晉木簡，接著就是他們。當時可以參考的東西很少，他們都是拓荒者。缺乏依傍的拓荒者每每舉步維艱，後人挑他們的錯，簡單得多。

馬　我發現您的研究非常注重簡牘的物質形態和考古信息。傳統的學者主要是釋字，卻沒有很注重簡牘的物質形態。

邢　這也都可以理解。例如前後兩批居延漢簡的出土報告不夠明確詳細，或至今沒有正式出版，怎麼辦？敦煌漢簡也僅有部分有出土報告。邊塞漢簡缺出土報告是很大的遺憾。我非常關注出土位置、出土層位和簡的疊壓關係，因為這有助於簡

40
日本京都大學人文科學研究所居延漢簡輪讀會，自左至右：滕枝晃、魯惟一、永田英正、森鹿三、米田賢次郎、平岡武夫。原刊《日本秦漢史研究》11（2011）。

冊復原。漢簡原本多是簿冊。復原簿冊很重要，而且是這一代人該做的工作。簡冊盡可能復原後，才能較好地重建簡牘制度，了解公文流程和正確掌握日常文書行政的機制。要不然，我們現在的認識都可能有誤。

馬　您的研究方法跟籾山明先生說的日本「古文書學」比較接近。[63] 您對他們的做法有何看法？

邢　非常重要。我很贊成使用「古文書學」的方法研究簡牘文書。像永田英正做集成，對魯惟一（Michael Loewe）做的復原並不完全贊同（圖 40）。[64] 魯惟一所復原的是否屬同一冊，有些

63　參籾山明著，顧其莎譯，〈日本居延漢簡研究的回顧與展望：以古文書學研究為中心〉，載徐世虹主編，《中國古代法律文獻研究》（北京：社會科學文獻出版社，2015），第 9 輯，頁 154–175。

64　Michael Loewe, *Records of Han Administration* (London: Cambridge University Press, 1967); 永田英正，《居延漢簡の研究》（東京：同朋舍，1989）。

難以確定，所以永田只做「集成」。這類工作要經過幾代學者努力，長期累積，才能越做越好。在我看來，魯惟一在方法上已走出了很重要的第一步。解讀簡牘文書之前最好先復原簡冊，早期中國學者多不考慮這一層，一頭埋進一支又一支簡的文字釋讀工作。後來大庭脩（1927-2002）和謝桂華（1938-2006）以及研究三國吳簡的侯旭東和凌文超復原了若干吳簡簿冊，為簡牘研究奠基，非常重要。[65]

馬　這個跟您的古羅馬史訓練有關係嗎？

邢　有點關係。因為羅馬史家也做殘碑、木牘殘件和莎草紙殘件

65　例如謝桂華，〈新、舊居延漢簡冊書復原舉隅〉、〈新、舊居延漢簡冊書復原舉隅（續）〉及〈居延漢簡的斷簡綴合和冊書復原〉，三篇均收入氏著，《漢晉簡牘論叢》（桂林：廣西師範大學出版社，2014）；侯旭東，〈長沙三國吳簡三州倉吏「入米簿」復原的初步研究〉，收入長沙簡牘博物館、北京吳簡研討班編，《吳簡研究》（武漢：崇文書局，2006），第2輯；侯旭東，〈長沙走馬樓吳簡「竹簡」〔貳〕「吏民人名年紀口食簿」復原的初步研究〉，《中華文史論叢》1（2009）；侯旭東，〈長沙走馬樓吳簡「嘉禾六年（廣成鄉）弦里吏民人名年紀口食簿」集成研究：三世紀初江南鄉里管理一瞥〉，載邢義田、劉增貴主編，《第四屆國際漢學會議論文集：古代庶民社會》；侯旭東，〈西北所出漢代簿籍冊書簡的排列與復原 —— 從東漢永元兵物簿說起〉，《史學集刊》1（2014）；凌文超，〈走馬樓吳簡庫布賬簿體系整理與研究 —— 兼論孫吳的戶調〉，《文史》1（2012）；凌文超，〈走馬樓吳簡「隱核波田簿」復原整理與研究〉，《中華文史論叢》1（2012）；凌文超，〈走馬樓吳簡舉私學簿整理與研究 —— 兼論孫吳的占募〉，《文史》2（2014）；凌文超，〈走馬樓吳簡隱核新占民簿整理與研究 —— 兼論孫吳戶籍的基本體例〉，載北京大學中國古代史研究中心編，《田餘慶先生九十華誕頌壽論文集》（北京：中華書局，2014）；凌文超，〈走馬樓吳簡庫錢賬簿體系復原整理與研究〉，《考古學報》2（2015）；凌文超，〈走馬樓吳簡隱核州、軍吏父兄子弟簿整理與研究 —— 兼論孫吳吏、民分籍諸問題〉，《中國史研究》2（2017）；凌文超，〈走馬樓吳簡三鄉戶品出錢人名簿整理與研究 —— 兼論八億錢與波田的興建〉，《文史》4（2017）。

復原（參圖 38），可是問題不太一樣。拉丁、希臘文是拼音文字，拼音文字的好處是即使只殘留一部分字母，也可以據上下文拼出原來的字，因為那個拼法在拉丁、希臘文語句裏就應該是那樣。另外，依文法規則也可以復原出不完整的字，羅馬碑文有一定的格式，固定的寫法，所以可以準確推定出來。中國是方塊字，沒有前後字母。如果只殘一半，還可以猜得出來，可是上下文就不一定能推測了。

馬　就是從這種比較開始，您注意到行政文書中的「式」嗎？[66]

邢　倒不是。注意到「式」是因為讀到夏鼐的文章。他發掘了大、小方盤城，發現了式簡的特徵。[67] 夏先生這個發現的重要性似乎一直少有人注意。我讀居延漢簡時注意到這個問題，發現「某」字常釋錯，如釋為「某」，簡即讀通，證明原來是夏先生所說的文書式！過去因釋文有誤，大家也就無從發現「式」的存在。這完全受到夏鼐先生的啟發，當然也多少跟我讀羅馬碑銘有關。因為它們的文辭有不少也是套裝的（笑）！由此可知羅馬碑銘不是那麼難讀，這是為甚麼我一開始學拉丁文，就可以讀碑銘。它的寫法有一定的格套，只要掌握格套，就大致可以讀了（笑）。所謂「式」就是不同文書的套裝寫法。

66　邢義田，〈從簡牘看漢代的行政文書範本 ——「式」〉，載嚴耕望先生紀念集編輯委員會編，《嚴耕望先生紀念論文集》（臺北：稻鄉出版社，1998），頁 387–404，修改後收入氏著，《治國安邦》，頁 450–472。

67　夏鼐，〈新獲之敦煌漢簡〉，《中央研究院歷史語言研究所集刊》19（1948），頁 252。

馬　所以不同的文明間也有類似的地方，特別是從行政的角度
　　來看。

邢　是啊！漢代的簡牘看到那麼多格式化套語，像「敢言之」等
　　等，其實今天的公文還有這類東西，這是刀筆吏最擅長的。
　　學為「吏」基本上就是要學會這些格式。士大夫不免看不起
　　刀筆吏整天在「等因奉此」中打轉。但也別完全小看，許多公
　　文的措詞用字暗藏玄機，一字一詞之異可以活人，也可以殺
　　人。有很多刀筆吏、胥吏或師爺就靠玩弄這些，營私舞弊，
　　謀財害命。

馬　其實我有一個現代的例子。我已經拿到博士學位了，但是我
　　去申請駕照的時候，填錯很多東西。我發現自己讀了這麼多
　　書，也不懂怎樣去填一份表格。那就是為甚麼需要刀筆吏，
　　我覺得他們還是有現代的意義。

邢　這樣的經驗我也有啊！香港學校要給薪水，規定我去滙豐銀
　　行申請一張銀行卡。銀行要證明文件和填寫一堆表格！前後
　　跑了多趟還是犯了不少錯誤。因為我是外地人，離開香港的
　　時候要報稅，到香港入境事務處，須填表申報收入，又有一
　　堆表格要填，真的看不懂（笑）。

馬　從這一個例子，我就想像到為甚麼漢代的士大夫面對刀筆吏
　　會那麼生氣。從他們的角度看：我們每天處理這麼多國家大
　　事，你還要我填一份表格，還說我填錯了？這可以解釋他們
　　為甚麼會對立。

邢　是啊，刀筆吏頗像今天的小公務員。公務員設計出一堆表
　　格，每一個項目應該填甚麼、不可填甚麼，都有規定。基層

公務員的一大工作就是要求你按規定做，他也一板一眼照規定程序辦。古代表格或許較少，但刀筆吏的心態、作風和今天的小公務員很可能差不太多（笑）。

馬　這確是一個挺封閉的系統。另外一個問題是，由於您在史語所工作，有機會整理漢簡。很多學者沒有機會參與第一手的整理工作，沒辦法有像您一樣的體會。對他們來說，應該如何彌補這方面的不足呢？

邢　這蠻困難。出土的東西獨一無二。居延漢簡只有史語所有，只有蘭州有。要看原件，必須跑一趟，沒辦法。就好像現在湖南、湖北出了一大堆簡，如果對他們的釋文或圖版不放心，只好到那兒去核對。唯一彌補的方法就是出版好的圖版和釋文，讓大家覺得心安。對不對？對很多學者來說，只能這樣啊！史語所有簡在手的責任，就是出好的圖版和較正確的釋文。就像您在香港，我在臺灣，我們比較吃虧的地方是現在新出土的東西都在海峽對岸。大陸學者有機會看原件是他們的優勢，只能接受。期望他們出好的圖版和釋文。

馬　目前很多簡牘都分佈在中國大陸不同單位，外地學者要等上一段時間才有機會看到出版品。他們要怎樣在先天不利的條件下發展自己的優勢？日本學者通過辦讀簡班，集合眾力研讀簡牘。這對中國大陸來說，是比較後期的事情。他們有整理小組，沒有讀簡班。我覺得日本學者讀簡班的傳統就是他們的優勢。雖然他們比大陸學者較晚接觸到材料，但是他們利用這種模式聚集眾力，逐條研讀，關注簡牘的物質形態和分佈地點，能做出一些很不一樣的研究，或者像大庭脩和永

田英正，能獲得和中國學者很不一樣的成果。

邢 這當然，大家都可以關注一些不太一樣的問題。歐美學者談的問題，很多中國大陸學者比較不注意。就好像我們研究里耶秦簡、張家山漢簡或嶽麓書院簡，當然要想想哪些是我們可以做，而中國、歐美、日本的學界沒注意或沒興趣的。我常和學生說要學會尋找自己的生存空間，學術研究如果不趕熱鬧，本來就是如此，倒不完全是因為在中國大陸或在大陸以外。我的策略是「你丟我撿」，在學科縫隙和議題縫隙中找自己的空間，也就是遊走在三不管地帶。沒人注意的問題其實很多，一找一籮筐，不一定要湊熱鬧。

11 不同性質的簡牘與存滅

馬 另外一個問題就是，現在的出土簡牘，如果按遺址的性質，可以簡單分為邊塞、墓葬和井窖三大類。邊塞簡牘的性質比較清楚。至於墓葬簡牘就關係到一個很大的問題，就是為甚麼要把簡牘放在墓葬中？您過去提到它們很多屬於「明器」，[68]現在的想法有沒有不同？

邢 現在有新的證據出土了。墓葬出土的簡牘當中的確有很多被當作明器，是為陪葬而特別抄製的。在山東青島土山屯堂邑縣令劉賜墓中出土的遣冊（原牘叫「堂邑令劉君衣物名」），

---

68 邢義田，〈從出土資料看秦漢聚落形態和鄉里行政〉，載黃寬重主編，《中國史新論：基層社會分冊》（臺北：聯經出版，2009），頁 84–86，修改後收入氏著，《治國安邦》，頁 317–319。

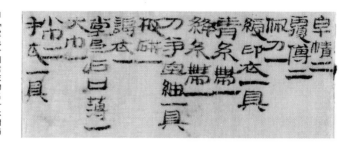

41　「堂邑令劉君衣物名」木牘局部，採自〈山東青島土山屯墓群四號封土與墓葬的發掘〉，《考古學報》3（2019），圖版拾捌。

即陪葬品清單當中列有「堂邑戶口簿一」（圖 41）。這是明器説的鐵證。劉賜墓的資料目前已公佈一部分，可惜遺冊所列「堂邑戶口簿一」在墓中是否真的發現了，未見報道。不論如何，戶口簿即便出土，應是複抄件，不可能是官府原件。可是複抄件的內容在某種程度上還是有很高的價值，因為製作者不可能憑空創造一個不存在的戶口簿，他必然有所根據；所據應該是某些真實存在且為大家所熟知的戶口簿樣貌，參考價值不可低估，我們當然也要警覺它和原件也應存在著某些差異。明器説最早由冨谷至先生提出，我較贊成他的説法。相對來説，西北邊塞和井窖遺址都是官文書原件，價值當然更高。

馬　您認為漢代人為甚麼把簡牘放到井窖內？

邢　讀汪桂海先生的《漢代官文書制度》，可知文書有保存期限。[69] 我曾指出簡牘文書如果保存一段時間，它們的體積會造成各

69　汪桂海，《漢代官文書制度》（南寧：廣西教育出版社，1999），頁 227–232。

級官府儲存空間上的問題。[70] 我們現在看到的只是衙門裏偶然倖存的一小部分。想想看一個里、一個鄉、一個縣，不要說別的，單是戶口名籍和派生的各式相關簿冊會有多少？假設一個縣有上千戶、數千人，每人每戶造冊，會需要多少竹、木？製造出多少文書？更不要忘了是每一年造冊，此外還有各式各樣不同名目的文書簿籍。如果通通儲存在檔案庫裏，隔一段時間不清理掉，要蓋多大的庫房去保存？所以汪桂海說是十三年左右，就要把不要的文書廢棄。有很多居延簡牘出土自障塞外的垃圾坑，應是被廢棄的好證明。有些被燒了一半，或改造成別的東西。當時人們將過期或不須保留的文書丟棄在衙門的井窖裏，十分合理。

馬　為甚麼不把文書全都燒掉？

邢　其實已有太多都燒掉或腐爛，我們今天看不到了而已。垃圾坑看到的僅是極小的一部分。想想看西北邊塞有多冷？冬天要取暖，拿甚麼來烤火（笑）？廢棄的文書剛好用來燒火！您說取暖重要還是保留那些反正要廢棄的材料重要？當然取暖重要！所以，我相信一定有太多已經燒掉。不取暖，為節省空間也要丟棄、燒掉或改作他用。

馬　這種井窖遺址出土的簡牘好像只集中在長江以南的地方。

邢　這是自然環境的條件造成，有些能保存下來，有些可能早爛掉了。2018 年我到北京大學訪問時，得知山西出土簡牘，四

70　邢義田，〈漢代簡牘的重量、體積和使用 —— 以中研院史語所藏居延漢簡為例〉，《古今論衡》17（2007.12），頁 4–41，修改後收入氏著，《地不愛寶》，頁 1–50。

　　川渠縣也出土了簡牘，可惜忘了打聽是出自建築遺址、墓葬
　　或井窖。以前我們沒有想到四川會出簡牘，現在四川發現的
　　簡越來越多，有醫簡、典籍簡等等。恐怕不好說今後簡牘不
　　會出自北方的井窖，自然條件合適就有可能。

馬　其實在別的地方可能也有井窖遺址簡牘，只是沒有條件保留
　　下來。很奇怪，這些地方都不是漢帝國的中心，反而中心地
　　帶好像沒有甚麼發現。

邢　原因很簡單。漢帝國的首都——長安、洛陽這些地方戰爭太
　　多，毀壞太嚴重。歷朝歷代的都城有太多被燒掉了，未央宮
　　就被燒過啊！但好歹出了幾百枚未央宮簡（笑）。漢長安城遺址
　　內還曾出土過成千上萬刻了字的骨簽，其他地方未見，非常難
　　得。越是邊緣的地方越有機會留存，越是政治中心越難留存。

馬　這確實有一定道理。《後漢書》便記載董卓遷都，無數典籍喪
　　失。[71]

邢　對啊！董卓臨走放火燒洛陽，歷代遷都都會毀掉很多東西！
　　隋朝的牛弘（545-610）說「書有五厄」，火燒、水淹、兵災！[72]
　　越是政治中心，越是群雄必爭之地，能夠保留的就越少。

馬　這個我反而沒有想到，可能我沒有很全面的想。我留意井窖
　　遺址出土簡牘，首先是注意它的分佈，主要集中在湖南，別

---

71 「及董卓移都之際，吏民擾亂，自辟雍、東觀、蘭臺、石室、宣明、鴻都
　　諸藏典策文章，競共剖散，其縑帛圖書，大則連為帷蓋，小乃制為滕囊。
　　及王允所收而西者，裁七十餘乘，道路艱遠，復棄其半矣。後長安之亂，
　　一時焚蕩，莫不泯盡焉。」見〈儒林列傳上〉，《後漢書》（北京：中華書
　　局，1965），卷 79 上，頁 2548。

72 〈牛弘列傳〉，《隋書》（北京：中華書局，1973），卷 49，頁 1298–1300。

的地方比較少。我曾就此問題請教宋少華先生。他說長沙的地下水比較充足，到現在居民還有一個習慣，就是當一個水井弄髒了，他們不會清污，寧願廢棄，開一個新的井。我一直在想，這些井窖遺址出土簡牘會否有其獨特性？剛才聽您的分析，也有一定道理。

邢　歷朝歷代修官府，常在同一個遺址上一層一層地疊上去。

馬　長沙就是這樣子。

邢　不久前在河北邯鄲不是發現宋代衙門的遺址嗎？訪問北京大學時，有朋友邀請我去邯鄲參觀，可惜因事未成行。這個宋代的遺址，其上壓著的是明朝和清朝的遺址，一層層地堆疊。這樣壓法意味最早的先被摧毀。人們把舊建築拆掉，利用材料建新衙門，這種情況太多太多。魏晉南北朝時民間建祠堂，常拆掉漢墓或祠堂，利用石材重建。歷代修長城也是這樣（笑）。

馬　這樣就可以解釋為何里耶簡可保存下來，因為即使到今天那也是一個非常偏遠、很難到達的地方。

邢　因為它偏遠，後代極少利用或改造，反而留下來。青海海晏縣王莽時代的西海郡城，保留比較多漢城的模樣，基本上也是因為偏遠，後人利用和改造較少，城內居然還留存下王莽時代的虎符石匱，在中原地區幾乎不可能。這是人為條件。

　　還有一個自然環境的條件，就像宋少華先生說的地下水，或居延、敦煌簡出在乾燥的沙漠。如果不看乾燥或潮濕，也要看地下的物理、化學、微生物種種條件。譬如說，廣州南越國宮署井窖迄今僅出土了數十枚簡，數量不多。南

越國怎可能只有那幾支簡呢？南越國宮署一定曾塞滿文書，絕大部分都沒能保存下來。自然條件不那麼合適啊。

馬 總體來說，我同意井窖遺址出土的簡牘大多屬丟棄物，如果細看這些簡牘的內容，它們被丟棄的個別原因會否不同？

邢 原因當然很多，絕不限於定期銷毀。學者也猜測過里耶秦簡是否因為緊急，而不是因為文書到期報廢。在緊急的情況下，怕文書落入敵人之手，刻意把它們丟棄或燒掉。就好像劉慶柱和李毓芳發掘的未央宮漢簡，很清楚看到簡有半截左右有火燒焦黑痕，很可能就是因為兵災。王莽時長安被赤眉攻破，放了把火，檔案肯定有不少被燒毀，今天看到的僅為未完全燒成灰的一小部分。[73]

馬 如果用這個想法套進墓葬出土的簡牘，不同墓葬出土的簡牘會否也由於個別原因被放入墓中？

邢 不能排除有個別的原因。我們現在頂多能做些較一般性的解釋。個別原因除非有更細緻的線索，否則僅能先猜猜。目前可以看到各墓葬出土的簡牘有類似之處，但沒有一個墓葬出土的完全相同，連類別都有些出入。您比較關心地方行政，墓中出土與地方行政有關的木牘有類別和內容上的相似處，細看每個地方卻又存在差異。各地抄戶口簿都是根據所屬縣鄉里抄各地的，做法類似，內容卻不同。目前所見墓葬出土的戶口木牘如朝鮮樂浪郡戶口簿，天長安樂紀莊、荊州紀南

73 參邢義田，〈漢長安未央宮前殿遺址出土木簡的性質〉，《大陸雜誌》100.6（2000），頁1–4，修改後收入氏著，《地不愛寶》，頁138–143。

松柏村、連雲港尹灣等地出土的都是這樣。

馬　它們有可能是真的嗎？也就是說原來的戶口簿已經失效，要
　　丟棄，墓主的家人索性拿來當陪葬。

邢　不能排除這個可能，但機會不大。我們要想想：第一，漢代
　　人非常重視喪葬，據漢人的說法為了治喪送死，不惜傾家蕩
　　產，虛地上以實地下，官員的家屬會寒酸到用廢棄物當陪葬
　　嗎？第二，根據《二年律令》，官員過世，官府公物都要移
　　交，而且要清點，包括官印，今天我們在墓葬中看到的官印
　　絕大多數是仿製品，羅福頤先生早已說過。最清楚的例子就
　　是前面所提山東青島土山屯劉賜墓出土的玉印，印面用毛筆
　　書寫，確定是明器無疑（圖 42.1-2）。他生前用的印不論銅或
　　銀印，都要上繳，不能埋到墓裏去。為陪葬只能仿製代替，
　　這就是所謂的明器。劉賜墓陪葬品清單上另明確寫著「戶口
　　簿一」，和其他陪葬衣物、工具並列，前面已談過，證明戶口
　　簿也必為陪葬的明器。如果用原官府簿籍，即不符合明器「貌
　　而不用」的基本特性。但公文書以外的典籍簡，則有可能是墓
　　主身前的私人實用品；陪葬品也常見實用器，必須分別看待。

42.1
墨書堂邑令印

42.2
墨書蕭邑之印

採自〈山東青島土山屯墓群四號封土與墓葬的發掘〉，圖版肆。

12 圖像看史

馬 我們之前談過一些關於您的圖像研究，也提到為甚麼您會去開拓新材料，是因為您對傳世文獻的傳統感到懷疑。

邢 不完全是懷疑，也沒有開拓新材料，材料就在那兒，只是別人不在意而已。古人明明不僅留下文字，也留下很多非文字性的材料，為甚麼不好好利用呢（笑）？古人可以透過文字、口頭傳遞訊息，也可以透過圖畫等視覺性的媒介傳遞心聲，漢朝這些方面的遺存，極為豐富。既然要了解古代的社會思想文化，我們何不好好蒐集一切可用的信息，充分剖析、認識它們？如果只看文字，用我的話說就是僅用一隻眼看歷史，會損失歷史的立體性和豐富性。

馬 其實是出於您的好奇心。

邢 這麼說也沒錯，因為我好奇歷史整體的各個面。合觀文字和非文字的材料比較能構成完整、豐富、立體的畫面（笑）。我的興趣絕不是單單研究某些文字，或某件美術或藝術品，而是問題導向。凡對回答問題有幫助的，文字也好，圖像也好，都用；如沒幫助，也不會勉強。

馬 在使用圖像材料的時候需要有方法。

邢 可惜臺灣的教育在小學、中學以後，除非上和美術有關的專業系所，基本上不再有訓練閱讀非文字性材料的機會。人文學科基本上以文字的訓練為主，教授怎樣去閱讀古今文字，建立對文字的敏感度，學生對閱讀非文字、視覺性材料的敏感度常常很不夠。圖像材料跟文字材料不能不說有基本性質

的差異，需要一些特殊的方法去理解它們。

馬　那您是怎樣開始？

邢　一步一步慢慢來，摸著石頭過河。

馬　有沒有一些書，是剛開始研究圖像時一定要讀的？

邢　我的做法可能跟別人不太一樣。別人會建議去讀一些美術或藝術史理論的書。市面上有一大堆這種書，我幾乎都沒看過，覺得理論看再多也無濟於事，甚至有害。萬一被理論框住，反而傷了對圖像的認識。直接建立自己對「圖」的敏感度或直覺似乎更要緊。這教不了，也學不來，反而和個人的資質傾向有關。前面說我從小喜歡畫圖，就是一種傾向，不是每個人都一樣。

馬　那您就是按您之前說的方法，就是盡量多看，如果有與您的問題相關的，就把它收集起來。

邢　對。我覺得閱讀文字和圖像材料有一個共同的方法，就是要「細讀」。就像我們讀竹木簡文書，其實每一個字、每一句話都要多想一想，要讀得很細，怎麼把這條資料跟另一條資料連結起來，要做很多細緻的思考。圖像材料也是一樣。譬如說，我們看到那幅畫（邢教授再次指向書櫃上他的畫作），看一眼，只有一個印象。但實際上，如果我們真的要做研究的話，就要仔細的觀察它每一部分的特點，掌握每一部分是怎麼構成的，有哪些元素，顏色又如何。顏色是一個問題，對不對？文字材料就沒有顏色的問題。還有，就是透視比例的問題，對不對？文字也沒有。可是，圖像材料就有遠近、大小、比例等問題。因為材料性質不同，需要注意揣摸的東西

也就不太一樣。

馬　這個就跟您從小對藝術的興趣有關。

邢　對，絕對有關。

馬　因此，我覺得很難去學的（笑）。

邢　（笑）真的，這比較難學。這是為甚麼到今天為止，跟我學簡牘研究的學生多，學畫像的學生比較少。因為我們讀文字材料，經過訓練的時間比較長，對文字比較敏感，可是如果沒有經常去接觸和用心觀察圖像材料，敏感度就不易提高。我們生活中隨處可見圖畫，如果沒有感覺，看到圖畫也不一定真知道它是甚麼（笑）。由於我從小就喜歡畫畫，看到一幅圖，腦中很快會產生聯想。怎麼會有聯想？聯想些甚麼？這就和敏感度以及腦中累積的東西有關。一下子我也不知道怎樣去進一步說明。

馬　我覺得這個還是看天分吧？比較難學。

邢　好在並不是每個人都要做同樣的事。每個人都該去做自己喜歡做、想做、能做的。這樣就好。

馬　雖然您提到有一些方法，例如格套和榜題，都是比較明顯的，但您剛才說到那種是需要一點靈通的。

邢　跟天分有一點關係。其實，這個天分不單是處理圖像材料才需要，處理文字同樣需要。這和想像力絕對有關係。例如怎樣有辦法看出《史記》的一句話和《二年律令》有關係，就跟想像力有關係。缺乏想像力，會看不見問題，也寫不出具啟發性的好文章。

馬　就像從前看陳寅恪的文章，我發覺自己沒辦法寫出那種文章。

邢　對，《柳如是別傳》是他眼睛瞎了以後，在非常特殊的心情和
　　環境下寫的。我們都沒辦法學，還好也不必學。

馬　您是從 1990 年開始寫「孔子見老子」的文章，然後慢慢找到
　　研究圖像的方法，譬如格套和榜題。這套方法是您最先提出
　　來，還是之前已有人說過？

邢　一定不是最先，只是整理前人的方法，舉了些實例，做比較
　　系統的歸納。例如前人提到圖例，意思差不多；榜題前人早
　　已注意了。不過以往做藝術史的很多前輩是靠多看畫，培養
　　鑑賞力，也當作人生修養，一眼看出哪些畫好，風格如何，
　　受何人影響，屬於哪一畫派。可是漢代藝術跟較後期的藝術
　　不太一樣。早期的藝術基本上都是工匠的作品，不像魏晉以
　　後到明清，除了謀生的畫匠，還有大批主導一代風潮的畫
　　家，追求表現個人的心靈和情感，創造一己的風格。早期的
　　工匠是為別人服務，他們要傳達的往往不是自己的心聲，而
　　是委託者的想法，雖然有些有名的工匠也可能主導一時一地
　　的流行樣式和內容。

馬　這是從甚麼時候開始改變？是魏晉的時候嗎？

邢　魏晉以後。因為魏晉以後開始著重個人，重視個人心靈和意
　　志的展現。譬如說，魏晉書法講究自己的風格，表現自我。
　　魏晉以前，基本上都是工匠的作品，固然也有書法名家，作
　　品失傳，今天沒法知道了。魏晉以後書畫大家成群，如顧愷
　　之（約 348-405）、張僧繇（479-？）、王羲之（303-361）等，
　　都明顯各具風格，展現自我，追求藝術表現上的精妙。漢代
　　工匠也不是僅僅一味依照粉本或格套，他們刻的或畫的也千

姿百態，面目各異，但比較多限於技巧的展現而非個人內在性靈或情感的發抒。例如西安理工大學校園內發掘的西漢墓壁畫（圖 43.1），就技巧而言，可以說是漢代繪畫的極品。請注意這位騎士正拉滿弓瞄準獵物，他的眼珠和眼神表現都相當出色（圖 43.2）。但我們沒法說這位畫工藉此發抒了甚麼技巧以外，更具個人特色或對世事的想法、情感或情緒。

43.1
西漢墓壁畫，載西安市文物保護考古研究院，《西安西漢壁畫墓》（北京：文物出版社，2017）。

43.2
上圖局部

馬　魏晉以前以工匠作品為主，這與秦漢帝國的整個統治體制有
　　關嗎？是因為在大一統的體制下難以發展出個人風格嗎？

邢　對對，應有關係。後世藝術除了追求個性的，也有在統治者
　　體制之下，迎合帝王品味，宮廷畫師所作的院畫，從唐到清
　　都有。基本上，他們是依據一定的模式、一定的傳統，為帝
　　王們粉飾太平，《清明上河圖》就是典型的代表。就這個部
　　分來講，比較容易掌握，那種追求個人風格和品味的創作才
　　難。你要怎麼去解釋作品跟作者個人生命的連繫？因為他要
　　表現自己，一定跟他自己的內在生命、對生命的體驗及某一
　　種特定的情感、思想、心理或情緒有關係。這個最難掌握。

馬　您為了做畫像研究，跑去做田野調查。您覺得田野跟您從書
　　籍和拓本中所見有何區別？

邢　差別太大，太重要了（笑）！因為早期圖錄出版品的品質較
　　差，常看不清楚細節！而且經常那些墓很大，拓片也大，細
　　節原本都清楚，但圖錄一縮小，細節全不見了，因此很多問
　　題無從問起，也無從解答。拓片則要看拓工手段高低，同一
　　石的拓片或較清晰完整，也有很多模糊不完整，甚至和原石
　　有出入。以前讀史語所藏拓，一石常有多份拓片，一比較即
　　見中間的差異。拓工水準不一，原石常漫漶或殘損，拓工每
　　每分不清哪些線條該拓，或以為是裂紋而不拓，失拓、誤拓
　　常見。如此，非原石無以定奪。我只好奔去各地看原石，了
　　解整體佈局並拍攝局部細節照片，才一點一點解決一些問題。

馬　您走了多少年？是否每一個區域都去過？

邢　走了約二、三十年，主要地區大概都去了一下（笑）。我的書

《畫外之意》有較詳細的考察紀錄。[74] 為甚麼要刊佈我旅行的經過？因為有些材料今後不一定能看到，即便能看到，也不一定還是那個樣子。另一方面也藉紀錄說明僅靠出版的拓本圖錄是不夠的。各地到現在還有很多未公佈的材料，太多了。不走一趟，就不知道。當然我也藉此紀念並感謝在過程中幫助我的朋友。

馬　還有很多來源不明，根本不知道是真是假。

邢　對（笑）！這是當前一個很大的問題。因為現在大家有錢，很多人開始玩古董收藏。按《文物法》，不准買賣一定品級以上的真文物，但有需求，那怎麼辦？做假貨嘛（笑）。這變成新手做研究的一個難題。如果沒有考古簡報，沒有正式的發掘報告，譬如說在香港摩羅街買賣的，十件中大概有九件半不可靠，最好笑笑，千萬不要當真（笑）。

馬　除了看原石的細節外，田野調查對研究畫像石還有甚麼幫助？

邢　還有很多。例如如果看圖錄，往往只見到一個平面的拓片，側背面建築構件或殘痕往往遺漏。畫像石原來見於某一墓室的壁面，我們需要知道各幅畫像在室中的位置以及跟其他畫像的關係，因為它們原本是一個整體。這些關係在圖錄中往往看不到或不易掌握。例如《中國畫像石全集》將畫像一石一石拆開收錄，失去結構性。可是田野調查一入墓室，室中畫像佈局和結構即呈現眼前，一目了然。

74　邢義田，〈下編：畫像石過眼錄〉，載氏著，《畫外之意》。

馬　圖錄常選一些比較漂亮和完整的收錄，殘損較嚴重的常被割捨掉。

邢　是啊！有些零碎的殘石上說不定有前人注意不到的重要信息，不收錄就沒有人知道，到田野中反而驚喜瞥見。記得前後幾次到濟南、濟寧、濟陰和徐州都曾有意外的驚喜。

馬　您現在還定期到大陸或別的地方做田野嗎？

邢　現在很少了（笑）。年紀一大，力不從心。有些地方在博物館，有冷氣（笑）；有些仍在出土地，下鄉蠻辛苦，它們的保存條件都不一定很好。說實在田野調查比處理簡牘釋文辛苦。像做佛教石窟藝術的就更辛苦，要走訪敦煌、雲岡、龍門石窟，各地不見經傳的石窟多得不得了。有一些集中在一個區域，有些散落在小地方。真要深入研究，都得去跑！很花時間和精神。

馬　或許是這個原因，您的學生主要都學漢簡（笑）。

邢　學畫像的到現在只有兩位。

馬　她們現在還在研究畫像嗎？

邢　有一位已經獲碩士學位，到臺北故宮博物院工作，另外一位獲臺大藝術史研究所碩士，然後到日本京都大學唸博士，目前正在寫論文。不過她們都改了方向，和我以前教她們的沒關係了（笑）。

馬　這真的很不容易，我很驚訝您對圖像材料的把握可以達到那

種程度。就像您前兩年在香港中文大學做的那個印綬演講，[75]
我沒想到您可以找出那麼多相關的圖像材料（笑）。

邢　是啊！我談印綬，以前幾乎沒有人注意漢畫中的綬帶樣式。
其實不能怪大家，因為像前面講的，圖錄的圖縮得很小，綬
帶十之八九看不清楚。

馬　他們以為是衣服的帶子。

邢　對啊！很多人沒注意，也沒仔細看。只有去看原石刻，才發
現原來那麼清楚！

馬　還有就是顏色，拓本看不到。

邢　對，顏色看不到。

馬　顏色就是您一個非常重要的證據。

邢　顏色非常重要。很多的顏色是跟一個人的身分有關，是一種
象徵，有明確的身分象徵意義。可是這方面的問題，到現在
還缺乏很有系統的梳理和討論。

馬　非常期待，這篇文章甚麼時候出版？

邢　文章已經寫好。在中大演講的時候，文章還沒完成，我只是
做了一個投影片。我在北京大學曾講過一次，收入文研院所
編《多面的制度：跨學科視野下的制度研究》一書。目前的
稿子比在北大和中大講的更為完整，收入臺北聯經公司剛出

75　邢義田，〈從可視性角度談漢代的印綬與鞶囊〉，香港中文大學歷史系
等主辦，「丘鎮英基金訪問學人：邢義田教授公開講座」，2019 年 3 月
8 日。此文已收入北京大學人文社會科學研究院編，《多面的制度：跨
學科視野下的制度研究》（北京：生活‧讀書‧新知三聯書店，2021），
頁 43–106；邢義田，《今塵集》（臺北：聯經出版，2021），第 3 卷，頁
219–272。

版的《今塵集》。因為我的文章不斷增補、修改，沒有定稿，出版社和讀者都感頭痛，大家要注意哪個版本比較在後。我很感謝有多次演講的機會，因為不斷地講，實際上是一次次設法去說服聽眾，讓聽眾覺得你講得有道理。再者，講了才容易發現某處論說不暢、論點有漏洞，邏輯或材料上必須補洞，才更流暢自然，水到渠成。所以寫一篇文章往往要經過長時間反覆修改，快了難有好貨（笑）。尤其是我腦子不好使，下筆掛一漏萬。初稿也許不耗時，修補起來就沒完沒了，遙遙無盡期。

13 分寸的拿捏

馬　我發現您的研究主要都是用論文或者個案的形式進行，比較少寫一本完整的書，這是您自己的選擇，還是有別的因素？

邢　這是我自己的選擇。因為要寫一本完整的或通論性的書比較難，如果還沒掌握一個時代的輪廓，如何可能概括好那個時代？與其大而無當地通論某課題或某時代，不如先好好理清細部，為後人更上層樓或重建一個時代，添磚加瓦。

　　前人似乎最少有兩種做法。有一些人喜歡先建立或借用一個框架，提出某個假說（hypothesis）；又將這個框架分成幾個相關的部分，然後針對每個部分去構思怎樣寫。寫完，整體就完成了。好處是，寫成的每個部分與整體框架有關連，構成一個大的理論或論點；壞處是，所立假說常先於自己對各部分較充分的認識。隨著材料的增加或自我認識的增進，

不能不覺得今是而昨非。可是不少人有一個傾向，不是修正自己的假說，而是有意無意間朝對自己有利的方向解釋，拼命彌縫保護己說。因此，引用和解釋材料不免因傾向性而失去客觀，更糟的會刻意隱藏或規避不利的證據。例如心中先有個某某理論，預設框架，再去解釋，土地制度也好，賦稅制度也好，社會制度也好，把材料都塞進那個既定的框框，塞不進的就假裝不存在。這樣寫出來，立論看似宏偉，洋洋灑灑，不久即樑傾柱倒，雨打風吹去。

我不想照預設的藍圖去蓋三層或五層的房子，而是先打地基，從第一層開始，一層一層蓋上去，蓋到幾層算幾層（笑）。希望蓋成的部分夠堅實，後人繼續往上蓋，不會垮就行。這應該跟個性有關。我發現做學問做到最後都跟個性有關。我一向不喜歡被研究計劃或被既定的路線綑綁，且戰且走，自由自在（笑）。寫文章求個心安自在！自己心不安，怎麼叫讀者心安？推論、猜測會不會令人不安呢？不會。推論和猜測是歷史研究必有的一部分，關鍵在於拿捏好分寸。

我常靠想像推論，文章多有猜測。史料有限，不能不像偵探，用想像遊走在證據的邊緣或以外。這是史學富挑戰性，也是最有趣的地方（笑）。胡適（1891-1962）說有一分證據說一分話，如果沒證據，是否就一分話也不說？怎樣把說和不說的分寸拿捏好，應是史學工作者要學習的，也是判斷一部史學作品高下的關鍵。有趣且富挑戰性的問題通常證據不足，或許有一些線索，其他必須靠合情合理的想像去填補。我們要想像到甚麼程度才不算太離譜，而又具有一定的

説服力，足以啟發讀者，是一大挑戰。一旦新出土的材料能夠證明早先的想像或推論，這種像偵探破案的快樂實在難以言喻，也是我做研究至今最大的動力。例如我以前談漢代案比在鄉或在縣，前賢如王毓銓（1910-2002）和池田溫都認為在縣，而我則推論應由縣主持，但在鄉進行。後來《二年律令》簡出土，證實了我的推論，這令我頗感快慰。了解我的意思嗎？

馬　因為我已經成為了您的讀者很多年，所以應該大概了解。有時候，我不一定同意您的意見，但是您永遠能帶給我一些新的東西。

邢　我很高興看到有不同的意見。因為一個人瞎想，總有犯錯的時候。不同的看法可以幫助我們反思和察覺錯誤。

馬　其實，我覺得這個非常重要，但怎麼掌握您剛才提到的「分寸」？我覺得非常困難。特別是年輕人，像我們這一輩做出土文獻的，都很著急寫文章。網絡上每天都有新文章，於是我自己心裏就很不安，因為很容易有錯誤。有時候，我們只看到整理者在自己的文章引用一份材料，還未看到圖版，就立即去做推論，其實是蠻危險的。

邢　我也有急的毛病。新材料不斷出來，有時候匆匆寫了，很快就發現自己錯了（笑）。因此，才會一稿、二稿，不斷的去修改自己的文章。這確實有點難。

馬　我們是否應該把網絡和紙本上發表的文章，區別開來？劃一個比較明顯的線？因為，紙本的文章都有審稿，但是網絡的文章沒有審稿。我們應該怎樣把握呢？

邢　新材料出土這麼多，有些人可以先看到，有些人沒有機會看
　　到。對發掘者或者那些有機會先看到的人來說，他們不藏私，
　　先把材料和初步認識拋出來，拋磚引玉，對錯由大家討論。
　　現在大家都有出版壓力啊！這是現實問題。大家要填年度成
　　績報表，列明一年發表幾篇論文才能升級。您剛剛說把兩者
　　區別看，有時候很難！武漢大學簡帛網現在引入審查制，編
　　輯先看，已不是來稿照登，雖然也許不是太過嚴格。我覺得
　　嚴格不嚴格，各有優劣。寬鬆一點的好處是讓大家自由地拋
　　出意見，同意不同意，相信不相信，各人根據自己的能力去
　　判斷。這樣可以鼓勵百花齊放，對不對（笑）？如果太嚴，說
　　不定有些好意見就發不出來。分寸拿捏因人不同，很有想像
　　力的意見，通常會被認為過頭，就扼殺掉，也不見得好！

　　　　我不反對在簡帛網上發文章，也經常看，有些年輕人確
　　實有很好的意見。每個人都有一雙眼睛，我們看到這些，別
　　人看到那些，可以互補不足。要看得多，才知道怎麼去「披
　　沙撿金」，對不對？我們必須學會判斷哪些可以撿，哪些可以
　　不顧（笑），這就看每個人的判斷力了。反正我們就想像上網
　　看文章如同到河裏淘金，判斷力強就能從沙中見到金子；要
　　不然，金子都被沙子淹沒，或將沙子當成了金子（笑）。

14 材料與方法

馬　我不知道可不可以這樣形容您，您是比較看重材料多於
　　方法？

邢 基本上我確實比較少談方法和理論。只有在談圖像的時候稍
稍提到讀圖的方法，而且是低層次的方法，不曾談論過甚麼
藝術史理論。我喜歡在發掘問題和理解材料上花功夫。不談
方法或理論背後的一個原因是早年的經驗。大學的時候曾沉
迷在理論和方法的大海裏。那時有一門課叫「史學方法」，當
時的風氣非常講究方法論。大家認為沒有學好史學方法，就
沒辦法做研究，所以有專門教史學理論和方法的必修課。幾
十年來，眼見歐美傳來一波波這個主義、那個主義，這個理
論、那個學派，多得不得了，一直到「後現代」、「後後現代」
（笑）。風潮一波接一波，流風忽轉，紅極一時的高論瞬間化
為清風，無人聞問，只等史學史家去收拾殘骸，樹立墓碑。
史料基礎堅實的才經得起時間的淘汰。經過長期的實踐，逐
漸發現史無定法，不論白貓黑貓，能捉老鼠才是好貓。我們
真正要面對的是如何解讀和利用史料（笑），理論方法再妙、
再動人，不能有效解讀史料，構成較合理有說服力的歷史畫
面，都屬無益。到史語所工作後，感覺所內講究史料的傳統
還是比較有道理。這是為甚麼我在退休前，會在選擇寫一部
秦漢史或整理居延漢簡兩件事之間掙扎。

　　退休前幾年，一直思考這幾年應該以何者為優先。其實
我下筆寫秦漢史已有幾百頁，完成一部秦漢史的著作應是退
休前對自己一個不錯的交代。但新的材料不斷出土，一部秦
漢史寫得再有創見、再精彩，幾年之內就成了明日黃花。再
一想：居延漢簡收藏在史語所，前輩們整理和出版圖版和釋
文已是六、七十年以前的事。後輩如我，是不是有責任利用

44　2015年9月22日，大陸學者陳偉、劉洪濤訪問簡牘整理小組，攝於史語所庫房提供室。自左至右：高震寰、劉增貴、邢義田、陳偉、劉洪濤、顏世鉉、黃儒宣、劉欣寧、石昇烜。

近年較好的技術和印刷條件，為這批材料整理出一個較可用的版本？這樣的價值和貢獻是否可能長遠些？為公為私，最後決定暫時放下秦漢史，先和同仁一起努力（圖44），重新整理和出版有意義的居延漢簡史料。[76]

馬　除了比較研究，您也非常關注中國和羅馬兩個文明之間的交流，特別是交流的過程。過去很多人關心這兩個中心之間的交流，但中間過程是怎樣，究竟發生甚麼事情，就比較少留意到。您是怎樣走進這個領域的？這個領域要掌握的材料非常多，不是單純學中國史或羅馬史可以了解，特別是有關中亞的材料。

邢　是的，很早以前就有很多學者關心，不管是中國學者，還是西方學者，討論非常多。上碩士班時我曾讀方豪（1910-1980）老師的《中西交通史》，後來到夏威夷大學又讀到老

76　新整理本在 2014 至 2017 年間分四卷出版。簡牘整理小組編著，《居延漢簡（壹至肆）》（臺北：中央研究院歷史語言研究所，2014–2017）。

普林尼（G. Plinius Secundus, 23-79）的《自然史》（*Naturalis Historia*）和羅馬四世紀史家阿米亞魯斯‧瑪奇尼魯斯（Ammianus Marcellinus，約 330-約 391）的著作，都提到印度和所謂的中國（Seres）。我知道張星烺先生（1888-1951）早已將羅馬文獻中和中國有關的部分摘譯出來，這引起我極大的興趣。[77]可是我認為要真正認識古代中國和地中海世界的關係，建立具說服力的論點，很重要的一點是如何去交待清楚中間的過程。此外，最好還要能說明促成交流往來背後的動力，是哪些力量誘發了物質或非物質文化的流動。如果能清楚交待這些流動，不論是從東到西、從西到東、從南到北還是從北到南，才比較有說服力。這要花很多時間留意線索，一點一點去完成拼圖。

馬　您是怎樣整理這麼多來源完全不一樣的材料？它們有一些要看書，有一些要跑博物館，有一些要實際走訪遺址。我想，您寫一篇文章的過程應該很長。

邢　花很多時間啊！慢慢累積。我腦袋裏問題多多，通常不會單單為某一個問題去翻書、跑博物館或走訪遺址，而是心中同時關心著一堆問題，一旦看到某一材料，就會聯想到某個心中的問題，然後抄下或拍照備用，日積月累，估計大概成

77　參邢義田，〈古羅馬文獻中的「中國」──張星烺《中西交通史料匯編》所錄羅馬記載「中國」譯文訂補〉，《食貨月刊》14.11（1985），頁 79-90；邢義田，〈漢代中國與羅馬關係的再省察 ── 拉西克著《羅馬東方貿易新探》讀記〉，《漢學研究》3.1（1985），頁 331-341。收入邢義田編，《西洋古代史參考資料（一）》（臺北：聯經出版，1987），頁 183-224。

形，就先成篇。擱上一段時間補充細節，真正發表都在很多年以後。我可以讓您看看我積累的紙片，和嚴先生、勞先生沒甚麼不同，沒甚麼獨特訣竅。您看，這些都是我的紙片（邢教授把書桌右面的抽屜拉出，當中存放了他用史語所便條紙抄錄材料的紙片）。譬如說律、令、科、比，我以前討論這個問題的時候，讀到有一條有關係的材料，抄在紙片上，疊放在一起，日積月累。您看（邢教授展示另一疊紙片），這是我很早以前寫漢簡所見軍中教育的資料（圖 45）。[78] 一向不用稀罕的材料，也沒有獨門功夫（笑）。腦袋中不過是總有很多問題打轉，是「問題兒童」罷了（笑）。

45
用史語所便條紙所抄軍中教育資料片，首頁為初步構想。

---

78 邢義田，〈漢代邊塞吏卒的軍中教育 —— 讀《居延新簡》札記之三〉，《大陸雜誌》87.3（1993），頁 1–3，修改後收入氏著，《治國安邦》，頁 585–594。

馬　如果是圖像資料呢？比方説，您在講中西交流的時候怎樣找
　　出相關的證據？

邢　圖像資料難以抄成紙片，但方法其實一樣。我的電腦裏有很
　　多相當於紙片、分類存放的圖檔，有些根據問題分類。看到
　　和問題相關的圖即掃描建檔，註明來源，點滴累積而後成
　　文。過去參觀每一個遺址或博物館總當成是最後一次，難有
　　下一次，努力拍照，有時不論是否和自己關心的問題相關，
　　都拍。因為誰知道下一刻心裏又會冒出甚麼新問題？原來沒
　　用的也許會變成有用。例如在大陸各地博物館常有革命文物
　　陳列，我常看，以了解國民黨當年為何丟了江山。有時看到
　　和朋友研究相關的也拍，送給朋友，例如明代的魚鱗圖冊、
　　明清的紅衣大炮，返臺就送給研究明清的朋友。拍照時有一
　　點很重要，要同時拍下説明牌，歸檔時註明地點和時間。

馬　總而言之，您的方法就是多讀多看不同的東西，把相關的分
　　別記下來，累積到足夠的時候就寫成文章。

邢　對對，我從來不單想一個問題，也不會為了一個問題去翻遍
　　所有的書。假設我在讀這一本書（邢教授隨手拿起放在書桌上
　　的《西方古代的天下觀》[79]），一本書看下來，可能想到很多問
　　題，不單單是我寫過的天下觀。總而言之，問題要多，就是
　　了（笑）。我不會把所有時間都花在解決一個問題上，大概只
　　有在寫碩士和博士論文時，為趕時間才集中精神解決一個問
　　題（笑）。這就解釋了為甚麼我的碩士和博士論文都不令人滿

79　劉小楓主編，《西方古代的天下觀》（北京：華夏出版社，2018）。

意。在短時間內，為特定目的趕出來的，不可能太好（笑）。
我不喜歡為某特定主題的會議特別趕寫應景文章，也是基於
同樣的想法。

15 真種花者

馬　所以您的研究跟寫作沒有時間表，也沒有計劃，隨興收集材
料，直到某一刻，覺得可以了，才寫出來。

邢　以前聽嚴耕望先生說，他在其《治史經驗談》也提到，他有
好多問題都是放了幾十年。[80] 嚴先生有長期計劃，他最後完成
的大書《唐代交通圖考》，實際上從年輕時就開始準備了，幾
十年後才成書。

　　我則隨興，求一個做學問的快樂，或許是古人說的「為
己之學」吧。換一個講法，周作人先生（1885-1967）說：「有
些人種花聊以消遣，有些人種花志在賣錢，真種花者以種花
為其生活——而花亦未嘗不美，未嘗於人無益。」（《自己的
園地》）[81] 真種花者的境界，我差之甚遠但心嚮往之。

　　我這麼說，您聽起來，一定感覺有點太高調。事實上以
前為考績、升等，我也有過長久高調不起來的日子。那段時
期研究苦多於樂，常為申請經費、完成計劃和於時限前出版
論文或專書奮鬥。這些都是孔子說的「為人之學」，就是為了

80　嚴耕望，《治史經驗談》（臺北：臺灣商務印書館，2008），頁 136。
81　收入楊牧編，《周作人文選 I》（臺北：洪範出版社，1996），頁 3。

別人去做學問，十分無奈。但現實中這又似乎是一個必經的過程，只能接受現實。現在的學術環境不允許我們像司馬遷（前 145-？）一樣，一輩子只寫一部不朽的著作，因為只寫一部書在今天大概會失業、餓死。但是我一直告訴自己同時也要寫些不是為升等、開會而寫的東西，算是一面「為人」，一面有點「為己」地活著。退休前有十幾年，我不再申請或參加任何大小計劃，因為一去申請計劃，就有義務在一個限定時間內提交成果，那樣太不自在（笑）。

退休後是我最快樂的時光，沒有時間壓力，完全可以寫自己喜歡的東西。説實在話，有貨才出貨，這樣也比較心安。我只是為了追求知識的快樂才去寫，把自己覺得快樂、心安理得的看法拿出來跟別人分享。至於別人同不同意，不必再那麼在乎了（笑）。《舊約‧傳道書》説：「人能夠在他經營的事上喜樂，是最好不過了。」我想我大概算是這樣吧。

此外，我同時提醒自己，雖然自以為心安，每個人看到的都不一樣，千萬別以為自己寫的就一定對。看到別人有不一樣的意見，就要先問自己的盲點在那裏。為甚麼同樣的材料，別人看到的是那個樣子，跟我不一樣？是我錯了嗎？還是別人有誤？我不覺得修改認錯有甚麼可恥（笑）。不論出於自省或朋友的指正，發現有錯就改！很多文章，從最早的版本、中間的版本到較新的版本，我不知改過多少次。有錯很正常，不知改正才是問題。這一點，裘錫圭先生做過很好的示範，我從他身上學到的。

馬　這個態度我覺得非常好。

邢　幾十年寫了不少東西，從來不認為有哪篇是定稿或已成定
　　論。兩、三年內有同行覺得還值得一看，就不錯啦。這年頭
　　新材料不斷冒出來，説不定那天值得參考的就變成遭人批判
　　的對象（笑）！要有這個心理準備。

16 「細讀」的藝術

馬　我跟您談話，學到很多東西。如果只看您的文章，不知道您
　　是怎樣把論文寫出來。

邢　您今天既然來了，就請您看看（邢教授從書櫃裏拿出一個文
　　件夾，當中收滿了他自己的摹本和畫作）。這些全是我自己描
　　摹的，也就是文章插圖的底稿（圖 46.1-2）。您知道為甚麼要
　　畫這些嗎？猜猜看。

馬　我覺得您想要掌握那些線條。還有就是，想要感受一下當時
　　人怎樣去創作這個東西。還有甚麼（疑惑中）？

邢　您看我畫的都是甚麼（邢教授展示他畫的摹本）？還記不記得
　　我跟您講過的一些話？閱讀圖畫跟閱讀文字有共同的地方，
　　在方法上，都要「細讀」。

馬　哦！這就等於從前的人抄書，不抄過一遍，你就不知道是甚
　　麼啊！

邢　對！摹畫實際上是把每一線條都重複一遍，就跟抄書一樣，
　　所以可以幫助我們去注意到每一個細節。摹畫過，印象深，
　　也比較不容易忘記。更重要的是畫像石和壁畫的雕畫常有磨
　　損或脱落，許多線條色彩已不清楚，自己摹畫，需要揣摩原

46.1

羅浮宮藏一至三世紀羅馬石棺浮雕局部，內容為戴尖帽的非羅馬人。

46.2

安西榆林石窟第二十五窟《彌勒經變圖》中的乾闥婆

本的輪廓，其實等於作某種程度的復原，也呈現了自己對原圖的理解。

馬　這個很重要，跟您自己試製作和書寫木簡是一樣的道理，如果您沒有製作和試著書寫過，您感覺不到寫簡和寫紙張的異同。有了經驗，您可以揣摸他們的困難，特別是您講到的體積和重量的問題。不單只要有一種想像，還要設身處地去想像。

邢　對！要回到那個時空脈絡去，要想像他們是怎樣去刻的，怎樣去畫的，怎樣去寫的，要寫要畫，沒有桌椅怎麼辦？如果模擬一下，例如在竹木簡上寫寫，比較能夠想像古人會怎樣做。這就是我剛才講的，我們要設身處地，多注意「細節」！

馬　您是從細節出發的。

邢　我從細讀文獻和圖像得到非常多的好處！〈伏几案而書〉一文就是一個靠細讀和想像的例子，最終得出和一般很不一樣的看法。[82] 柯南·道爾（Arthur Conan Doyle, 1859-1910）寫福爾摩斯探案，在《血字的研究》那篇名著裏不是說過嗎：「一個善於觀察的人，如果精確而系統地觀察他所接觸的事物，將可大有所穫。」我所謂的細讀不但要精確、系統，還要有想像和合情合理的推論。我們和福爾摩斯當偵探一樣啊。

82　邢義田，〈伏几案而書 —— 再論中國古代的書寫姿勢（訂補稿）〉，收入氏著，《今塵集》，頁 576–629。

第三章

新時代的挑戰與回應

1　出土材料的挑戰

馬　現在我們看到的一個問題是：出土材料越來越多，要不停地
　　追趕。大家都感受到壓力（包括我在內），面對這麼一個壓
　　力，我們應該怎樣回應？這是一個很大的問題，不同人會選
　　擇不同的回應方法。有一些人一看到新的材料，就先寫；有
　　一些則堅持說，要先等一下；又有一些會覺得要看不同材料
　　的性質。您怎麼看呢？

邢　對於這個問題，沒有甚麼固定的答案（笑）。我有時候也會寫
　　一些札記給簡帛網，但是也會不斷修改；有些時候也想再等
　　一等。這些情況都有。我是跟著感覺走，沒多想（笑），也不
　　會感覺有壓力。想要跟別人分享的時候，就分享；如果沒有
　　甚麼想法，擺在那裏，先暫時不管。

　　　　我現在的情況跟您們有點不一樣，因為我現在完全沒有
　　壓力，有時甚至會想：以後這些網站都不看了（笑）。因為出
　　版太快，新東西太多，說實在話，也沒時間看。上博簡、清
　　華簡、安大簡瞄一瞄，就擺下了；三國吳簡出版，早期還看

一些，後來就放下了。每個人的時間都有限，留些給別人去操心（笑）。

　　我覺得像您，現在最重要的是怎樣將已經發展出來的題目，繼續深化、延伸和擴大。我們剛才說「細讀」，您已經很能細讀。現在不妨把這一個階段的工作，不管寫成論文也好，寫成書也好，做一個總結和交代。一方面是對自己交代，一方面是對學術界交代，使自己先保住工作，有機會升職。您才剛剛開始，前面還有很長的路要走，先完成這些有急迫性的。但是，最好要保持一個心情：做學問不僅僅是為了維持一份工作和升遷，要常常自我提醒，為人為己必須做些真正有長遠價值的學問。

馬　現在的出土文獻有許多是盜掘的，來源不明，沒有出土背景，但是它們不能說不重要，例如嶽麓或清華、北大購藏的簡牘。有一些西方學者對利用這些簡有所保留。您怎樣看呢？

邢　基本上我也比較保留，雖然曾寫過嶽麓簡的札記。因為以前參加了陳松長先生的嶽麓簡讀簡會，有義務表示一點意見，寫過幾篇札記。就像前面講的，我是問題導向，不會單就嶽麓簡談嶽麓簡。如果談一個問題，利用里耶簡、五一廣場簡、睡虎地簡時，不妨用嶽麓簡為輔證。或者，談《二年律令》、《奏讞書》時，有一些相關的材料在嶽麓簡裏，我會把嶽麓簡當做參照，放在比較輔助的位置，不會以後者做論證的主體。這是一時能想到的一種策略。

　　對於某些問題，出土背景非常重要；但對於另外一些問

題，不涉背景，照樣可以談。例如如果問題牽涉秦系、楚系或三晉文字的字形和書法，辨別區域文字的特點，就非得考慮出土地點；其他的問題譬如說，秦是一個統一的帝國，它的法律適用於全國，不管竹簡是在三晉、楚、秦或齊出土，基本上都是秦律的話，就討論法律概念本身來說，出土地點相對而言就不那麼重要。

我曾看過嶽麓簡，不能說它是假的，很大程度上也覺得這批簡的時代可靠，有一定的參考價值，所以不能視而不見，當它不存在（笑）。譬如說北大簡《趙正書》書法優美，因為喜歡，曾臨寫過幾遍（笑）（圖47）。但我不覺得《趙正書》講的故事比司馬遷講的更可信，也不會多去討論。

馬　部分西方學者認為利用這些材料研究或會鼓勵更多盜掘，而且有違道德。過去我們沒有發現竹簡的時候，盜墓人只去找一些收藏家喜歡的東西，別的東西都不要了。現在因為知道竹簡有市場價值，就變成了盜墓人的目標。他們只找簡牘，別的都毀掉了。而且真正去挖和做這種事的，是當地一般農民，由文物販子居中收購，農民可能根本不清楚整個情況。

邢　這個當然，我都同意，包括中國大陸的學者應該也都同意。

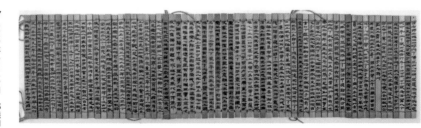

47
2016 年 3 月 16 日，邢義田仿寫《趙正書》。

但是，他們另外有一個論點：如果文物已經流入市場，又是真的，有一定的學術價值，要我們都視而不見，任由這批東西不能發揮學術價值，是否也有道德問題？

舉個例子，清末最早在中藥店出現刻字甲骨，當然不是所謂的科學發掘品。如果那時候王懿榮（1845-1900）看到了甲骨，因為不是出土品而認定沒價值，任由「字骨頭」當龍骨做了藥材，或不去蒐集，其子沒有轉售甲骨予劉鶚（1857-1909），就不會有劉鶚《鐵雲藏龜》這本書，甲骨學不知要等到何年何月才會誕生。最早研究甲骨文的除了王懿榮、劉鶚，還有王國維和羅振玉。《觀堂集林》中關於商王的世系是王國維從甲骨文中解讀出來。[83] 如果王國維不把來源不明的甲骨文當作研究對象，後來安陽發掘出大量甲骨，很可能會因缺乏前期基礎，而必須從頭認識，甲骨文必會推遲很久才能真正成為一門學問。我覺得用不用非出土品，不能一刀切。盜掘品失去出土信息，當然遺憾；賣到香港，香港又賣回上海或他處，北大、清華和安徽大學已經收藏，你不研究嗎？如何在遺憾中爭取發揮它們的剩餘價值，不也是學者的一種責任，一種道德嗎？

還有一點，不要忘了。您看過王子今先生的《中國盜墓史》嗎？[84] 自戰國以來盜掘從來沒有停過，沒有盜掘就不會有

83　王國維，〈殷卜辭中所見先公先王考〉及〈殷卜辭中所見先公先王續考〉，收入氏著，《觀堂集林》（北京：中華書局，1959），頁 409–450。

84　王子今，《中國盜墓史：一種社會現象的文化考察》（北京：中國廣播電視出版社，2000）。

汲冢《竹書紀年》和《穆天子傳》等等。今天有誰不用汲冢
古籍？盜掘當然造成破壞，這點大家都承認，但在破壞後，
學術界收拾殘局，利用其於研究上，不也可以說是不幸中的
一點「幸」（笑）？放大一點來說，盜掘是全世界的現象，不
是中國特色。古埃及和古中東的文物氾濫於今天全世界的文
物市場，其中能搶救並進入學術機構的，例如古埃及的莎草
紙文書，並沒聽說因道德原因，歐美學者就不研究了。

馬　作為學者，我們應該如何應對呢？

邢　很重要的一點就是自己絕不收藏，絕不和以買賣為目的的收
藏家或文物販子攪和在一起。我曾在大陸的鑑寶電視節目中
看到某位曾有一面之緣的考古專家「下海」擔任鑑寶老師，
無物不鑑，十分難過。我們起碼可以做到不收藏、不出價。
不管是博物館也好，專家學者也好，絕對不收藏來路不明的
青銅器、玉器、金銀器、陶瓷器、簡帛等等文物，也不為文
物販子手上的東西鑑定背書。

馬　如果已經有人買下，出版了？如何利用？

邢　我前面已說，就看問題。有些問題，可以用為旁證，有些問
題就不見得非用不可，可以不用就不用。只能這樣。

馬　假設完全不用呢？

邢　這種情況似乎不存在。更換研究領域或研究課題，完全避開
簡牘也是辦法。這樣並不會沒有研究課題可做。

馬　至少那些已經把竹簡買回來的單位，會有人做研究。但問題
是如果他們做了成果出來，可以不參考嗎？

邢　這已經發生了。譬如說浙江大學收藏的竹簡不就是這情

況嗎？

馬　對。邢文寫了一篇文章指出其為偽品。[85]

邢　就是啊！現在的古文字學者辨別簡帛金石的真偽，已建立了一定的水準，足以判別哪些可信，哪些不可信。您看看有多少專家投身於這方面的研究？他們的鑑別能力已經通過一次次的考驗。雖然不排除偶有看走眼，包括頂尖大家在內，但其他學者終究能發現，不會跟著走。不要忘了，這種情況在自然科學界照樣發生，假設錯誤、實驗作偽、推論誤導的多得去了。錯誤與嘗試本是一切學術研究的常態。我相信存心作偽，利用偽證，沒有不被揭穿，遲早而已。

2　傳世文獻的地位

馬　現在出土文獻越來越多，我發現的一個情況是，年輕學者看出土文獻很多，但是看傳世文獻的很少。

邢　這不好。出土文獻即使這麼多，不客氣地説，迄今還不能動搖傳世文獻所建立的歷史框架。我們對整個歷史脈絡的認識，基本上沒有因出土文物而垮臺。我跟每一個學生都講過，不論研究秦漢簡牘或漢代畫像（圖 48.1-2），大家一定要好好去讀傳世文獻。畫像和簡牘的一個基本特性是：它們是在特定時空、特定的墓葬或遺址中零星出土和分佈，有很高

85　邢文，〈浙大藏簡辨偽（上）── 楚簡《左傳》〉，《光明日報》，2012 年 5 月 28 日，15 版；邢文，〈浙大藏簡辨偽（下）── 戰國書法〉，《光明日報》，2012 年 6 月 4 日，15 版。

48.1 漢代畫像研究專題課堂上講解拓片，攝於臺灣大學課室。

48.2 2017年6月16日，最後一次在臺大上課。課後與部分同學合影。

的特殊性；它們彼此不必然有關聯，如果沒有一個傳世文獻的時空和歷史人事框架作為參照，其實很難把它們連繫起來。

雖然現在出土文獻非常多，但它們能說的故事比較破碎，包括我們非常想知道的，例如秦漢的法律體系。說實在話，到今天我們還不能以出土文獻把其結構建立起來。很多人討論的問題，例如：秦有沒有法典？它的體系是怎樣？秦的法律體系是否有不同的層級？它如何分層？結構依據甚麼

原則？令甲、令乙、令丙等等有沒有更高一層的結構？內史
令甲、令乙、令丙又跟甚麼在同一個層級上？在這個層級之
上還有甚麼？應怎樣去認識令和律的關係？等等。出土文獻
帶來很多新認識，也帶來很多前所不知的新問題（笑）。這些
都需要和傳世文獻相參照，千萬不可把《史記》、《漢書》等
丟到一邊。

馬　如果出土文獻跟傳世文獻的記載有出入，應該怎樣處理呢？

邢　是啊，就好像《趙正書》，您能說《史記》一定不對嗎？我完
全不敢講！

馬　而且，為甚麼是《史記》被人選擇保存下來，而不是《趙正書》
呢？會不會當時的人比較相信司馬遷所說的話呢？

邢　理由很簡單，據考《趙正書》抄寫於武帝時期，講的那些故
事，司馬遷會不知道嗎？因為《史記》「太史公曰」已經講了，
他知道有很多不同的說法。司馬遷了不起的地方是他誠實告
訴我們，他的資料從哪裏來 —— 從傳世文獻來的還是聽別人
講，或是自己去旅行，訪問當事人或相關的人而得知，講得
很清楚。司馬遷有意讓他的讀者知道他的根據。根據不同，
可靠性就會不一樣。當司馬遷不能判斷那一個說法可靠時，
他會把知道的不同說法都寫下來，留給讀者去判斷。最好的
例子就是老子的年壽和年代。老子活了多少歲？跟孔子到底
是不是同時代？後來如何？不妨去看看《史記》怎樣處理對
老子時代的說法。這就是他了不起的地方。他也可以假裝都
知道啊，是不是？《史記》不提《趙正書》的說法，我認為是
因為他評估眾說後沒有採信，而不是他不知道。

49
益陽兔子山出土「秦二世詔書」簡牘局部「奉遺詔」三字

關於趙高（前 258-前 207）跟李斯（前 284-前 208）到底有沒有偽造詔書，那是當時最高的機密。有幾個人知道啊？湖南益陽兔子山曾出土「秦二世詔書」木牘，詔書所載的是秦二世（前 230-前 207）刻意想讓世人知道的，他不想讓世人知道的就不會寫在詔書裏，這是很簡單的道理。二世特別強調自己「奉遺詔」（圖 49），力圖強調自己的繼承具正當性。如果反著讀，不就證明《史記》所說才可能是真象？政府文告或政治宣傳品不是經常需要反著讀嗎？益陽兔子山「秦二世詔書」所說多半是些希望別人相信的內容，詔書木牘是出土品，是真貨，但不保證就說實話。我們不能根據《趙正書》論定司馬遷的說法不可靠；我們也沒有辦法說清楚，司馬遷是怎麼知道偽造詔書這件極機密的事。

那個年代皇帝身邊不可能無人，不管是多大機密，趙高、李斯和某些侍者就在近旁。趙高跟李斯密謀，很難說完全不會洩漏，只是後人不知道情況到底如何。而且秦始皇和秦二世在世時，大家不敢說；秦不久滅亡，知情者甚麼都可以說出來，甚至加油添醋。那時和今天其實差不多，人們喜歡聽宮闈秘聞或八卦（笑）。您想想秦漢之際流傳多少八卦？有些甚至寫入了《史記》！秦始皇是呂不韋（?-前 235）的兒子即為一例（笑）。司馬遷怎麼知道是真是假？為甚麼把這事寫在〈呂不韋列傳〉中？根據甚麼？可靠性在哪兒？我只能說，這是千古之謎！沒辦法解決。總之秦漢易代，各種八

卦，真真假假，有文字的，也有口耳相傳的，傳言異聞必然滿天飛。司馬遷判斷錯誤也有可能（笑）。不能說司馬遷必然不會錯，但是《趙正書》構不成證據去證明司馬遷錯了。

最近劍橋大學古典歷史教授瑪莉・畢爾德（Mary Beard）的書 *SPQR: A History of Ancient Rome* 譯成中文。[86] 這本書從羅馬共和末公元前 63 年，西塞羅（Cicero，前 106-前 43）揭發卡提林（Catiline，約前 108-前 62）的陰謀說起。作者在書中精彩敘述了整件事件的始末，並檢討我們後人如何受到當事人西塞羅以及傳世羅馬史料的左右。她提醒讀者要注意歷史的多面性：「這段歷史難道就沒有另一面的說法嗎？我們是從西塞羅的文章或透過他的觀點才得知這起事件的詳細始末，這代表他的觀點對我們最具影響力，但這並不是必然表示他所說的一切就是事實，或這就是看待當時事件的唯一方式。」[87] 同樣地，我們長久以來對中國古史的認識幾乎都被司馬遷的《史記》左右。有趣的是中國的戰國時代到秦亡群雄逐鹿，很像羅馬共和末期，政治宣傳和小道八卦滿天飛。很多真象，恐怕與瑪莉・畢爾德分析了半天一樣，最後不得不承認：「真象如何，我們永遠無法確知……我們必須永遠保持警覺，注意尋找是否有其他對立的說法。」[88] 我們面對《史記》、《趙正書》和「秦二世詔書」殘牘，只能像她所說永遠保持警覺性：歷史永遠有多面性，有些永遠存在於黑暗裏，也永遠是謎，

86　瑪莉・畢爾德著，余淑慧、余淑娟譯，《SPQR：璀璨帝國，盛世羅馬，元老院與人民的榮光古史》（臺北：聯經出版，2020）。

87　瑪莉・畢爾德，《SPQR》，頁 67。

88　瑪莉・畢爾德，《SPQR》，頁 73。

發掘不完。歷史學家像偵探，但不保證都能破案啊。

馬 除非我們看到其他更原始的材料，或者是不同性質的材料才可以判斷。

邢 《趙正書》現在就變成這樣一種東西。《趙正書》是從市場上買來的，出土地點不明，本身有缺陷，很遺憾啊！假如《趙正書》是從某一秦或漢初墓裏出土，情況又不太一樣。

馬 因此，不能概括地說，傳世文獻和出土文獻，誰優誰劣。

邢 還是回到以前說的，就是問題導向。甚麼樣的問題用甚麼樣的材料，不能拘泥，也不必拘泥。其實有很多問題大可不必用出土文獻。

馬 對，特別是那種一般性敘述。

邢 關於一個時代的整體畫面，簡牘文書裏大概都看不到。

馬 嚴耕望先生說讀正史，還是有用的。

邢 當然，這個絕對值得。

馬 不過，我們現在要處理的材料實在是太多，像嚴先生的時代要讀完整個時代的所有材料是可以做得到的，但是我們現在要讀完秦漢所有的材料就沒有那麼容易。或許我們還可以讀，但是能不能全都「細讀」，就是一個問題了。

邢 我覺得仍然可能細讀，秦漢材料和後代相比還是相當有限；可以細讀到甚麼程度，每個人就不一樣了。傳世文獻、出土文獻和圖像材料都需要細讀！

馬 跟您聊天後，我發現您使用的方法都很基本，沒有甚麼「獨門秘笈」。

邢 沒有沒有，完全沒有。我完全是水來土淹，兵來將擋（笑）。

就是看問題，用材料。就好像配中藥或做一道菜，需要知道
「君臣佐使」！哪一些為主，哪一些僅為佐、使，不可主次不
明，輕重易位。配一道菜，材料的份量不一樣，配料便要恰
到好處才好吃。寫論文，知材料的輕重主次，不多不少，有
說服力，才是好論文。

3　談文字訓練

馬　我有興趣想知道的一個問題是，您怎樣去訓練研究生？您剛
才講的都非常有道理，但是如果是訓練一個學生的話，要怎
樣去做？

邢　這個不完全是老師的問題，得看師生雙方。對不對？今天跟
您談的，其實沒有甚麼特別，平常我跟學生也是講這些。運
用之妙，存乎一心啊（笑）！能體會多少，掌握多少，知道怎
麼去用，全在乎學生自己，老師點撥原則，其他就沒辦法了。

馬　我看到您的學生祝平一寫了一篇文章，提到您給他的基礎訓
練。[89]

邢　那是我很久以前教他的，就是怎樣寫一篇學術論文。寫學術
論文，以我的認識，基本目的是要能說服讀者，邏輯結構一
定要清楚，一步一步發展論點，提出證據，逼出結論。這需
要練習。很多研究生剛剛開始，寫作經驗不夠的話，就會寫

89　祝平一，〈在前 PC 時代和邢義田老師學秦漢史〉，「歷史學柑仔
店」（https://kam-a-tiam.typepad.com/blog/，2019.01.11，讀取
2019.07.04）。

得東倒西歪，對不對？

馬　對，我從前也是這樣子。

邢　要慢慢練習，沒有甚麼訣竅。基本上我很強調駕馭文字的能
　　力，就是怎樣寫辯論性的文章。論文有很大成分就是跟別人
　　辯論，無論贊成或反對某人的觀點，或者表達自己的意見，
　　最終是希望證明己說，說服讀者。

　　　　不過我也常常以導遊作比喻：我們就好像一個拿著小旗
　　的導遊，要讓參加旅遊的人知道我們在哪兒，下一站可到哪
　　兒，再下一步可看見甚麼。讀者只要跟著我們，就可以一
　　路順暢地看到沿路和最後最重要的風景。當老師也是導遊
　　（笑），寫論文也是導遊。寫論文如果沒佈局，就好像導遊沒
　　計劃、沒路線，往東帶一下，往西帶一下，七繞八拐，最後
　　最重要的風景 —— 你的結論，丟掉了。理論就是這麼簡單
　　（笑）。可是怎麼做到，秘訣就在於反覆練習。我一直鼓勵學
　　生一定要多寫，而且不斷修改，直到文字和說理都順暢為止。

馬　您會鼓勵他們找一個學習對象嗎？

邢　曾介紹過很多，譬如說余英時先生。余先生的文章寫得非常
　　好，我很喜歡。他的文章沒有花俏的文筆，說理和引證都明
　　白清楚，結論水到渠成。不論讀者最後同不同意他的觀點，
　　他的寫作方式值得學習。

馬　我發覺大家都認為中文是母語，很少人強調中文的表達能
　　力，這跟我去美國讀書時很不一樣。以英文寫作時，怎樣去
　　組織文章、說服你的讀者都成問題，有時要重寫很多遍；但
　　是在中文寫作裏，很少人會注重這個問題。

邢　臺灣歷史系的老師過去的確很少去教這方面。雖然有史學方法課，但是幾乎全講些理論。跟您的經驗一樣，我非常感謝教羅馬史的施培德老師和中國法制史的馬伯良老師。我原習慣使用中文寫作，到夏大讀書才開始用英文寫論文和報告，他們改我的英文，一字一句，覺得收穫很大。記得上馬伯良老師中國法制史的課，我寫了一篇學期報告談漢至唐代的律博士，馬老師覺得我的論點很有意思，仔細批改我的英文，使我明白英文該怎麼寫。我後來用中文增補改寫這篇報告，寫成〈秦漢的律令學——兼論曹魏律博士的出現〉，也成為我在《中央研究院歷史語言研究所集刊》發表的第一篇論文。過去沒有老師告訴我怎麼去辯論，但到夏大發現外國老師在他們的學術傳統及環境裏，辯論和寫論文都有一套方法。他們告訴我怎樣去組織及運用證據發展論點，我才明白他們的論文原來是這樣寫成的。所謂寫論文無非是一個提出觀點、辯論和說服的過程。

馬　您後來寫的中文論文也有吸收這些方法嗎？

邢　當然，後來吸收了這些方法。

馬　我看您的文章，跟別的學者有點不一樣，就是我很快可以抓住您想要講的是甚麼。傳統學者主要都是考證，他們的觀點最後就藏在一個小小地方，你能看到就看到，你看不到就不知道他說甚麼了。所以，我覺得論文的表達非常重要，從前很少人去講，也沒有人教我們怎樣做。

邢　嚴格來說，我並不是到夏大讀書才學到這些方法。我在臺大讀研究所時，有一位研究近代史的老師叫郝延平（圖50），

現在的學生或許不熟悉。他哈佛畢業，在美國教書，博士論
文寫清代的買辦制度，已出版成書。[90] 他回臺大客座，教史
學方法的陶晉生老師請他到班上來講。郝老師寫的買辦制度
一書原用英文，但是他把主要想法濃縮成中文的單篇論文。
他為我們講解這一篇的寫法，然後要我們自找題目，自己做

練習，大家都覺得很有收穫。記憶
較深刻的一點，是他教我們每一個
段落要有主題句（topic sentence）。
這個方法十分簡單，雖然比較「八
股」，但是可以非常簡單有效地幫助
我們去組織一個段落和一篇文章。

50
郝延平老師

51
祝平一就讀於臺灣清華大學時的期末報告影本，採自祝平一，〈在前
PC 時代和邢義田老師學秦漢史〉。

90　Yen-ping Hao, *The Comprador in Nineteenth Century China: Bridge between East and West* (Cambridge, Massachusetts: Harvard University Press, 1970).

練習多了，可以多變化，寫出來的就不那麼「八股」。這個方法可以讓讀者很清楚地掌握到我們想說的。剛到美國讀書的時候，寫的文章不夠好，說實在話英文也不夠好（笑）。可是那時因為知道一點「洋八股」，並不那麼害怕用英文寫論文（笑）。後來在臺灣大學、臺灣清華大學教書，就把這一套方法教給學生。祝平一是我在臺灣清華大學教書時的學生，結果後來他出國讀書，發覺這套方法對他頗有幫助（圖51）。

馬　對，祝先生還提到您要他們寫摘要，這個也是很重要。

邢　這也是我在夏威夷大學唸博士時，老師教的。夏大歷史研究所每門課幾乎都會要求學生寫讀書摘要。因為寫摘要限字數，需要重組和濃縮，一方面訓練怎麼抓一篇長文或書的重點，一方面也訓練如何組織和重述。

馬　用這個方法在臺灣教學生，當時可能就比較新一點。是嗎？

邢　早年教研究所時規定每一位學生，每星期都要寫一篇不超過一頁的報告，我會先給讀書清單，丟一些問題，學生要從清單中找答案，簡短回答。下次上課同學輪流報告，我會批改。以前年輕，比較認真，後來學生一多，常做不到每星期如此了（笑）。

馬　您認為您訓練學生的方法，跟您的老師訓練您的時候有何區別？這些區別是由於您們學術背景的不同，還是時代的不同？

邢　每一代老師的作風都不一樣，而且每個人都不一樣，所以很難說。每位老師對學生的態度也不同。有時寫了一個學期報告，有些老師會批示詳細的意見，有些老師只給一個分數

（笑）。譬如前面說夏德儀老師指導我去讀《明實錄》，找一個題目做史料比對，這就是一種基本的方法，我一輩子受用。或者如前所說，郝延平老師教我們怎麼寫主題句，我也受用至今。反而是那些理論，多半無影無蹤。

4 給年輕人的話

馬 前面談到，您不想令年輕人有太多的負擔，所以不會給他們太多建議，讓他們自己去發展。但是像我們剛剛起步的這一輩，前面已經有很多經典著作，在某一個領域裏已經累積很多成果，我們怎樣去找自己的路呢？

邢 絕大部分的年輕學者，尤其是研究生，常有這樣的困擾。許多問題都已有人講過，我還能做甚麼呢？您是這樣的意思嗎？

馬 對，但這個只是短期的，我指的是長遠的計劃。像您關注的，其實都是長遠的計劃，如傳統社會中不變的部分，就是長遠的計劃。但是，這些計劃的發展都有一個過程，如果沒有一個長遠目標的話，其實很難持續。我看過很多人都是（包括我在內），東做一些，西做一些。它們之間好像有一些關聯，但是怎樣發展成一個長期研究，就感到困難。

邢 這事恐怕自己要做一些反省。譬如您現在剛剛去澳門大學，開始起步，雖然已經寫了博士論文，但還有很長的路。發表博士論文只是階段性的工作，現在的問題是怎樣建立一個長期的目標。或許可以去抓一個較大、較具貫通性的課題，不

限一朝一代。可抓的大問題太多了，因此自己要先想清楚：其中哪些比較吸引，令您有持續的動力走下去。每個人的喜好和個性不同，沒有固定答案，如果問我，我覺得興趣很重要。

總之，課題要大一點，不能太小。其實大問題背後都有很多小問題，弄清楚就夠忙一輩子。譬如說，我對皇帝制度感興趣，在我看來，這就是一個大問題。因為兩千年來，從秦漢到明清都是皇帝當家，在「家天下」這一個框架下發展。我沒有真正很深入地研究過兩千年皇帝制度的發展，因此必須借重他人的研究，有些部分則必須是自己的基地。基地內的林林總總，要盡可能弄清楚。大問題總是牽涉到很多面，有些涉及思想，如天命觀，這是比較高層次的；還有制度層面、文化層面。再有一些屬比較低層次的，如當時的人事問題、制度與人事流轉、官員與官員、黨派與黨派……羅列不完。一分析以後，可研究的課題沒完沒了。

重點是要把時間放長。要掌握中國歷史的發展，長期有哪些問題較為關鍵？這要思考一下。為甚麼要思考這個問題呢？因為根據很多不同的理論，學者們會說政治史、制度史、經濟史或軍事史都已過時，應該去做思想史、生活史、婦女史、醫療史、信仰史或文化史等等。其實這需要反思：如果從生活史切入，可以看到甚麼，又可能錯失甚麼？從文化史切入又將是一番甚麼樣的景況？如果同意歷史是一整體，從哪個角度切入都無所謂，都是方便法門。需要反思的是選擇哪條最能掌握歷史的主體脈絡，見到你最想觀看的

風景。這好像人體的血脈經絡，有主有輔，有大動脈，有微血管，是走大路呢，還是走小路？沿路風景自有不同，有所見，即有所蔽。如果都在小路上轉，迷失在叢林裏，見不到最終想看或最關鍵的風景就可惜了。

馬　您對目前的年輕人有何看法？

邢　臺灣同學的中文閱讀和寫作能力都下降了。一方面是因為中學的中文教學時數不斷削減，課本中古文的部分大幅減少，又不重視練習作文，能力自然下降；另一方面是現在的學生花太多時間在電腦和手機上，他們習慣用手機語言，對用字、措詞和句子結構都不在意，也不在意精準傳達，傳個「貼圖」就算意思表達了。一旦變成習慣，要寫真正嚴謹精準的學術論文時，就可能手足無措。為求精準，措詞和用字都很重要。以前父母會要求我每天寫日記，一直寫到上研究所。現在的學生上網和滑手機的時間都不夠，誰願下功夫寫日記、學寫作？一旦要寫論文，哎呀！寫出來的文章真的是……（笑）

　　寫論文要從鍛練文字表達開始，很花時間。我們那個年代沒有手機、電腦，都用手一字一句寫在紙上，字要寫得筆畫正確、工整，交報告給老師，不能潦草，規規矩矩；現在都是電腦打字，學生根本不在乎筆畫，用字措詞粗糙，文法不通，很難糾正。這是普遍的現象，不能怪年輕人，不能叫年輕人不用手機啊（笑）。現在每個人每一分鐘都在看手機，我不願意被手機綁住，乾脆不用。不知道您的習慣是怎樣？我的小孩，天啊，好像一分鐘不看手機就活不了！

馬　其實我也是（笑）。我自己的想法就是，手機可以幫助你很快
　　地獲得一些資訊，現在的人就是不能等，所以沒有人看實體
　　報紙，因為要快 ── 要再快一點。而且一想到一些事情，就
　　一定要通過手機說出來。

邢　我了解啊。而且如果有人傳一則訊息給您，他也預期您趕快
　　給他一個回覆，是不是？

馬　對，還有電郵。現在好像有種壓力，如果有一個電郵寄來，
　　隔兩天你不回信的話，對方會認為一定是有點問題。這就是
　　溝通方式不一樣，工具都不一樣了。

邢　我知道，所以不怪現在的年輕人。

馬　但您會不會覺得有一些有用的地方呢？

邢　當然，網上的資訊非常快，有效率，現場及時就把消息傳遍
　　世界（笑）。這是以前做不到的事情，當然有好處。像考古發
　　現，很快就知道，圖文都有了。游逸飛那個微信群組馬上把
　　所有的消息傳開來。

馬　而且，以前讀書是從目錄學開始，現在似乎不需要了。

邢　很少人願意去讀傳統的目錄學，都用 Google 查，目錄學成了
　　「谷歌學」（笑）！時代改變，工具改變，速度改變。這就是新
　　時代，有得有失，沒有甚麼話可說。幸好我已經退休，可以
　　不管，被淘汰，就淘汰。大江東去，浪淘盡古今英雄，淘汰
　　乃自然之理，勿悲勿傷。這點我深有覺悟。

馬　沒有沒有，我覺得不會。

邢　哈哈，一定會被淘汰，所以我也不覺得自己的經驗對年輕人
　　有甚麼用處，因為整個世界都改變了。能要求年輕人再去抄

卡片嗎？不可能啊！您要來訪問我，所以我像「白頭宮女話
天寶遺事」，説些「遺事」給您聽聽而已（笑）。有人想知
道就知道，不想知道也沒有關係。每個時代有每個時代的潮
流，一波一波的，長江後浪推前浪，對不對？

馬　我覺得您這個心態非常好。

邢　總之不要自以為掌握了真理或甚麼最後的答案（笑）。以前説
學歷史可以以古鑑今，能對當代提出一些建議，可是我不覺
得自己現在可以提供甚麼（笑）。古代的經驗對今天有甚麼幫
助？説實話，很難説。時代變化太快，很多新的經驗、新的
問題，歷史上沒有啊（笑）。大家關心的東西也不一樣。如
果從一個功利的角度去看，今天大家不太重視歷史，因為今
人覺得歷史沒有用！可是您我是學歷史的，我們能告訴今天
的人歷史很有用嗎？即便歷史非常有用，別人聽不進去又奈
何？我自己當然覺得歷史知識非常有用，可是怎麼去説，才
能讓今天的人相信歷史有用？如果從一個功利的觀點去看，
説實在，很多過去有用的，現在不一定有用了。

　　我們必須從功利以外，比較高或超越的角度去思考。甚
麼是比較高或超越的角度呢？簡單來説，不是分析或研究某
一個或某些特定的人、事、物，而是較廣泛地從人類發展的
軌跡，總結出某些觀察和省思，這些觀察和省思可以幫助我
們認識基本的人性、思想和行為的模式和限度。儘管科學再
發達，變化再快，我相信只要人還是人（不是從試管複製的
克隆人），大則可以在相當程度上把握到人類未來變化的大致
軌跡，小則可以幫助自己汲取前人的智慧，豐富自己的內心

資源，面對自己人生的抉擇和挑戰。這一高度有賴不斷的思考和覺察，非一夜之間可以做到。

　　如果覺得不容易做到，也可隨每個人降低到可及的高度。例如但求過一個追隨興趣的人生。如果喜歡知道古往今來的事，歷史可以成為一個個人的興趣或嗜好。根據興趣或嗜好做自己喜歡的事，這總可以吧？每個人的興趣嗜好不一樣，嗜好的事情不一定都有用啊！現在的人嗜好賺錢，無妨就去賺錢，可是一邊賺錢，一邊讀一點自己喜歡的書，思考一些自己感興趣的問題，培養一些嗜好，不涉功利，常人應該都可以做到。

　　此外，我仍然深信歷史知識是文化修養的根本，可以免除自己成為沒有時間深度的紙片人，增加自己思想的寬度和厚度，明白人之所以為人的價值和尊嚴。這是一個人教養必要的基礎，不但有意義，而且就某個角度來說，有大作用。因為衡量一個社會文明程度的高低，取決於社會大眾文化修養的深淺，絕不是錢多錢少。金錢掛帥是今天世界性的現象，美國有個股票大王——巴菲特（Warren Buffett），也是很多人心目中的「神」。近年中國大陸有一個很紅的脫口秀節目，演出的年輕男女明白地說他們的夢想就是能紅，能賺大錢，能像他們的「神」——馬雲一樣。世界上有太多政治人物和社會賢達，不是政客、律師、軍人，就是商人（笑），了無人文素養。演講說句話，在 Twitter 上發條訊息，發音、文法和拼字都會錯。這是當今世界的大不幸。他們卻能以媚俗的語言和姿態，攻佔世界最重要的政治舞臺，反映了世界文化

普遍的庸俗和媚俗化。說到這裏，不免想起羅馬史家羅斯托
夫茲夫（Michael I. Rostovtzeff, 1870–1952）在《羅馬帝國社會
經濟史》（*The Social and Economic History of the Roman Empire*）一
書中的感嘆：羅馬帝國自三世紀以降，無產階級摧毀了城市
和中產階級，中產階級奮力建立的璀璨文明也就隨風而逝。[91]
想想今天有多少人類文明的結晶淪落成為商品，在拍賣市場
上隨人叫賣？又有多少粗俗的流行正盤據今天大眾的心靈？
周作人先生說的「真種花者」但見花美，似乎已成我心嚮往，
夢中遠去，可望而不可及的一種境界。

---

91 邢義田，〈羅斯托夫茲夫與《羅馬帝國社會經濟史》——附《羅馬帝國社
     會經濟史》第一版序言譯文〉，《西洋古代史參考資料（一）》，頁157–
     182。也請參厲以寧、馬雍譯，《羅馬帝國社會經濟史》（北京：商務印書
     館，1985），頁685–733。

後記

壹

　　這篇訪談錄能夠成篇，要感謝香港中文大學歷史系黎明釗教授熱心介紹，香港三聯書店梁偉基先生提議出版。梁先生委託澳門大學馬增榮博士來臺訪問並寫出談話逐字稿。馬博士一絲不苟，不僅完成初稿，還進一步為訪談所涉各點加上附註。對以上諸位先生的好意和辛勞，再次敬致由衷的感謝。文稿大定後，我曾稍作修訂、增補並配圖，也略略調整了一些內容順序和小節標題。

邢義田

2021 年 10 月 5 日

貳

　　邢教授曾在〈行役尚未已，日暮居延城——勞榦先生的漢簡因緣〉的後記提及，當年甫入史語所，每周與杜正勝先生到臺大聽勞榦先生的課，「平生之憾得以稍稍彌補」。[1] 對我而言，這次三日兩夜的訪談以及隨後的電郵通信，也稍為彌補我往日未能從邢教授問學之憾。邢教授的名字，對學習中國古代史的我來說，絕不陌生。只是我本科和碩士期間均主攻魏晉南北朝史，未有深入研讀教授的著作。碩士畢業後，有機會擔任黎明釗老師的研究助理，轉攻秦漢史和出土簡牘。邢教授的著作從此成為引領我進入秦漢史世界的一盞明燈。

　　最早與邢教授的接觸，是 2010 年在香港中文大學舉辦的「漢帝國的制度與社會秩序」國際學術會議，但由於我需要參與部分會務工作，加上會議時間緊迫，無緣多向教授請益。其後，邢教授曾來中大演講，身為臺下聽眾的我，竟怯於當眾提問，浪費了請益的機會。一直到我從美國留學回來，再次在 2019 年成為教授臺下聽眾，已是差不多十年之後了。

1　原刊於《古今論衡》8（2002），修改後收入邢義田，《地不愛寶》，頁388。

　　這次訪談是由香港三聯書店的梁偉基師兄促成。最初，梁師兄告知我此計劃時，我沒有預料到邢教授會答應進行訪談，結果完全是喜出望外。為了準備這次訪談，我事先擬了數十條問題，分成三大主題：一、家庭、求學、師友與研究生涯；二、秦漢中國與古羅馬；三、新時代下的秦漢史研究。很幸運，赴臺三天，熱情的邢教授騰空了他的時間表，只招待我一人。不但預先準備的問題能得到完滿的回應，邢教授亦隨興分享了其他的研究心得和對世事的看法，以及讓我一睹他多年來的讀書筆記和手繪摹本。結果，當初擬定的三大主題，成為了後來整理本書的骨幹。

　　我的整理工作，分為數個步驟：首先，重聽當日訪談錄音，整理成文字稿；其次，調整各主題下的問題，令重點更清晰，讀起來更流暢；最後，修改文字以提高可讀性。初稿完成後，又改了數遍，然後呈交邢教授審閱。邢教授接到文稿，反覆修改，理順文字之餘，又增補多處內容，配上珍貴圖片。邢教授對文字的駕馭能力和一絲不苟的態度，是本書質素得以大大提升的重要原因。

　　本書除了展現邢教授的學術心得，亦希望藉教授的學思經歷以及與師友的互動，反映過去數十年中國古代史研究（特別秦漢史一段）的發展。書中包含了邢教授治古代史多年的省思，提醒年輕學者，在競爭激烈和充滿變數的時代，除了應付工作要求而從事的「為人之學」外，當不忘初衷，以「為己之學」作為從事學術研究的終生目標。

馬增榮

2021 年元旦夜

附録

變與不變——
一個史語所歷史學徒的省思

邢義田

編者語：此文寫於 2003 年，原刊於史語所編輯委員會，《中央研究院歷史語言研究所七十五周年紀念文集》（臺北：中央研究院歷史語言研究所，2004），後收入《當代》200（2004.4）。

　　今年是史語所成立的第七十五年，也是我進所工作的第二十一年（1982-）。照前所長杜正勝的分期，我錯過了籌備創立、塑型鷹揚、動盪困頓和生息復蘇的四個階段，而在「開展多元期」進所，現在則處在「新結構下的新時代」。

　　這個分期考慮到史語所七十多年來種種因時局動盪和人事升沉造成的變化。如果從史學研究的特色看，史語所自傅斯年創所即被冠上史料派的帽子。經過七十多年，不少人仍然將這頂帽子

戴在史語所的頭上。[1] 史語所似乎數十年未曾改變，這當然是個較籠統和印象式的看法。

與時俱進的史語所

　　如果稍稍查考，不難發現史語所的史學研究有謹守「家法」的一面，也有與時俱進的一面。因為謹守家法，造成大家對史語所老大不變的刻板印象。印象一旦形成，史語所如何「與時俱進」，往往被忽略。「與時俱進」是傅斯年先生創所時聘書稿中的話。他說：

> 我國歷史語言之學本至發達，考訂文籍，校核史料，固為前修之弘業；分析古音，辯章方言，又為樸學之專諧。當時成績宜為百餘年前歐洲學者所深美而引以為病未能者。不幸不能與時俱進，坐看歐人為其學者擴充材料，擴充工具，成今日之巨麗。我國則以故步自封而退縮於後，可深惜也。[2]

　　他在聘書稿裏接著強調不能「抱殘守缺」，要取得「日新月異」的材料，借自然科學為工具，以期獲得新知識。依他求新求變的

1　王晴佳，《臺灣史學五十年》（臺北：麥田出版，2002），頁 17–138。

2　參杜正勝，〈無中生有的志業 ── 傅斯年與史語所的創立〉，載杜正勝、王汎森編，《新學術之路：中央研究院歷史語言研究所七十週年紀念文集》（臺北：中央研究院歷史語言研究所，1998），上冊，頁 23。有關史語所早期資料皆引自此文。本文不及查核原書原檔，有違「史料派」原則，一時只好如此。

邏輯，應不會要誰「故步自封」，「恪尊家法」，永不改變。

　　話說回頭，如果和理論出發人多勢大的「史觀派」相對照，史語所的確有強調史料，不為歷史發展階段定性，不作全盤通論的特色。或許由於史觀派佔據中國史學領域半個世紀以上，史語所作為近代中國史學史上的一個「對照組」，長期籠統地被歸入史料派，也是可以理解的。

　　由於入行為時甚晚，史語所的前五十年，對我而言屬於傳聞世。傳聞世的種種，前輩仍在，所知比我親切得多。以下主要就我進臺大歷史系當學徒，三十多年以來的親身感受，來說說以史語所和臺大為代表的臺灣史學界如何與時俱進以及史語所變中之不變。

　　史語所史學研究的一大特色可以說是不斷隨著西方的史學潮流而起伏。史語所雖然重視史料考證，外人視為乾嘉餘孽，其實自傅斯年開始，即不以故步自封的乾嘉樸學為滿足，而以西方漢學為標竿。七十多年來，受西方一波波潮流的影響，變化的大勢一言以蔽之，是由追求歷史客觀真相的科學主義時期，逐漸轉入相信「一切歷史都是當代史」的相對主義，甚至是後現代主義的時代。

　　史語所成立後的四、五十年可以劃入前期，後二、三十年可以劃入後一時期。這樣的分期，並非絕對。這不表示前期一無變化，或近二、三十年就不再有人以追求歷史真相為職志。相反的，前期中，即使是和傅斯年極親近的人，也不見得對所謂科學和真相那般有信心；在後期，仍有同仁堅守家法，只是主流在不知不覺中已物換星移。

　　造成變化的內外在因素當然很多，這裏無法作全面的討論，一個關鍵似乎在於從一開始，史語所即由一批決心與「國故」說再見，師法西方，企圖在中國建立新學術的留洋派所掌握。史語所的成員儘管不都是留洋派，留洋派一直到今天仍帶回一波波的新觀念，左右著整體的方向。我說史語所與時俱進，主要是指一批批留洋派在不同的階段所造成的改變。以下先從改變的一面說起。

留歐派和科學主義史學的建立

　　第一波就是以傅斯年為代表的留歐派。他無疑是以他所認識的西歐史學為典範，並以此規範了史語所的路向。他相信藉助諸如語言學、考古學、古生物學、古地質學等等科學的新方法，以擴充的新史料，必定能夠建構出像地質學一般客觀科學的新史學。這是大家都知道的事。

　　這裏打算做兩點補充。第一，所謂的科學的史學或蘭克史學在中國史學界變成一種典範，除了大家印象中的傅斯年，是不是有其他的鼓吹者？據王汎森研究，傅斯年並沒有甚麼蘭克（Leopold von Ranke, 1795-1886）的藏書，一生談到蘭克也不過二、三次。那麼是誰在鼓吹呢？我沒有作過全面的考察，只覺得似乎不應忽略 1934 年，由德國回北京大學代傅斯年教授史學方法的姚從吾先生。

　　姚從吾比傅斯年還早到德國。1923 年二月，姚先生入柏林大學（University of Berlin）從傅郎克（Otto Franke, 1863-1946）和海

泥士（E. Haenisch, 1880-1966）研究蒙古史和史學方法。後來在波恩大學（University of Bonn）和柏林大學漢學研究所教書，留德前後達十一年之久。[3] 傅斯年於 1923 年秋，由英轉德入柏林大學。據毛子水回憶，他們數人在德過從甚密。1934 年夏，姚從吾在傅斯年力邀下返國，任教於北大歷史系，開設匈奴史、遼金元史，並接下原由傅斯年所開設的史學方法課程。

據上過課的鄧廣銘先生（1907-1998）回憶，姚從吾的史學方法導論完全是依靠德國一位歷史學者印行的《歷史研究法》「把它譯為漢語，然後照本宣科」。[4] 這本姚譯《歷史研究法》似已不存。[5] 不過，據杜維運整理姚師歷史方法論講義的後記，這本《歷史研究法》可能就是班海穆（E. Bernheim, 1850-1942）的《歷史學方法與哲學導論》（*Lehrbuch der Historischen Methode und der Geschichtsphilosophie*）。[6] 姚從吾推崇吸收蘭克史學精華的班海穆，也同樣推崇稍早的蘭克。在一封後來寫給門生蕭啟慶回憶當年在北大唸書和到德國求學的信裏，姚先生曾說：「到德國後，情形大變了，始而驚異，繼而佩服。三年之後，漸有創獲，覺 Ranke 和 Bernheim 的治史，實高出乾嘉一等。」[7] 在他留下的一本薄薄的〈歷

3　王德毅，《姚從吾先生年譜》（臺北：新文豐出版，2000），頁 1516。

4　王德毅，《姚從吾先生年譜》，頁 22。

5　2003 年 12 月 3 日於史語所七樓巧遇王德毅師。王師說他在學生時代曾在姚從吾研究室見到過姚師在北大的史學方法講義。但是這本講義後來下落不明。

6　陳捷先、札奇斯欽編，《姚從吾先生全集（一）：歷史方法論》（臺北：正中書局，1971），頁 77。

7　王德毅，《姚從吾先生年譜》，頁 20。

史方法論〉講義裏，並沒有專節介紹班海穆，反有一節介紹「蘭克的治史方法與他對於近代歷史學的貢獻」。1952 至 1953 年間上姚先生史學方法論的杜維運回憶說，姚先生以 1824 年蘭克出版《一四九四到一五三五年間羅馬民族與日爾曼民族史》(*Geschichten der romanischen und germanischen Völker von 1494 bis 1535*) 作為德國新史學的開始。據說，他課上講到這裏，「臉上突現光采，聲音也越發洪亮了」。[8]

姚從吾從北京大學開始，後來在西南聯大、河南大學、臺灣大學，前後二十幾年，每年都開史學方法論。他對德國史學的推介和造成的影響，應該受到適當的注意。最少 1966 年，我在臺大聽姚和杜維運二師合開的史學方法，印象中姚師課中的主題仍不脫甚麼是一手、二手史料，治史應以一手為重云云。

其次，傅斯年鼓吹追求客觀真相的科學史學，但上過他的課，並在他指導下讀書的學生，真的就毫無懷疑地全盤接受了嗎？似乎不見得。這裏要舉的例子是剛剛過逝不久的前輩勞榦。勞先生不曾留洋。當年在北大唸書，曾上傅先生的史學方法一課。正因為此課考試優異，被傅先生看上，才進了史語所。進史語所後，一直在傅先生的指導下研究和讀書，深得傅先生的喜愛和信任。[9] 按理說，勞先生應是傅斯年最忠實的信徒。

8　陳捷先、札奇斯欽編，《姚從吾先生全集（一）》，頁 81。姚先生原引此書中文譯名「一四九四」作「一四九八」，此據 1824 年出版德文本改。

9　參邢義田訪問勞榦紀錄，《漢學研究通訊》2（1983），頁 91–94；邢義田，〈行役尚未已，日暮居延城 —— 勞榦先生的漢簡因緣〉，《古今論衡》8（2002），頁 43–44。

　　從勞先生的著作看，他的確恪遵「家法」，以整理、考證和出版新出土的居延漢簡為最主要的工作。傅斯年不強調著史，勞先生為貼補生活，除了寫過簡短的《秦漢史》和《魏晉南北朝史》，著作幾乎全是專題論文和以整理、考證居延漢簡為主的《居延漢簡 —— 考釋之部》和《居延漢簡 —— 圖版之部》。最近偶讀勞先生的舊作，發現他在一篇題為〈歷史的考訂與歷史的解釋〉的文章裏，一面承認「歷史學家的任務只是正確的供給人類經驗上的材料」，歷史學的將來和考古學一樣，會「被逼走上了自然科學的路」，做歷史的工作「和做古生物學，天文學，氣象學的方法，並無二致」，但他也小心翼翼地借他人的話，指出「許多歷史學家認為歷史不應當屬於科學的範圍」。科學的史學會縮小歷史學的範圍，「無法使有藝術傾向的學者滿足的，也無法使有政論性傾向的學者滿足的」。[10] 他甚至認為：

　　　　歷史上所發生的事實，是否絕對真實，假如不屬於絕對的真實，那就對於所謂「科學方法」，也就有了問題。在此可以解答的，即宇宙中的一切事物，很難得找到一個絕對的正確性，甚至可以說人類尚未發見宇宙中的絕對正確性，但我們平時見到的，自有其正確的限度（limit），只要是走近（approach to）這個限度，我們就可以認為它是正確。[11]

10　勞榦，〈歷史的考訂與歷史的解釋〉，《中國的社會與文學》（臺北：文星書店，1964），頁 136–139。

11　勞榦，〈歷史的考訂與歷史的解釋〉，頁 137。

　　換言之，傅斯年鼓吹的科學史學，在他入室弟子的心中是有保留和折扣的。當然，我們也可以說，勞先生這篇 1957 年的文章，在傅斯年先生過世多年之後發表，他這時的想法已不同於在大陸從傅先生讀書的時代。

　　勞先生的態度，我不知道有多大的代表性。以我於 1965 年進臺大歷史系感覺到的大氣候來說，以追求客觀真相為目的的科學史學，無疑仍是那時的主流。造成這一主流的就是由傅斯年帶到臺大或在史語所工作的一批前輩學者。大學時，有幸上過由前述姚、杜二師合開的史學方法，由李濟和許倬雲師合開的中國上古史，由傅斯年侄兒傅樂成師所開的隋唐史，芮逸夫師開的文化變遷和行為科學導論。研究所階段上過陶晉生師以方法為主的研究實習，陶晉生、札奇斯欽和蕭啟慶師合開的遼金元史。在臺人求學先後八年（1965-1973，其中一年服役軍中），剛好處在到臺灣第一代師長和第二代留洋英美的師長回臺接班的過渡時期。

社會科學方法治史的新潮流

　　在這個過渡時期，作為一個成長中的歷史學徒，感受最強烈的是師長們一方面強調利用一手史料探尋盡可能接近真相的歷史事實，一方面強調要借取社會科學的方法，才能達到前述的目的。

　　這時所謂史學的輔助科學，已悄悄由傅斯年認可的古生物學、地質學、語言學等變成了人類學、經濟學、政治學、社會學和心理學。始終未變的大概只有考古學。沒有師長要我們去讀古

生物學、語言學或地質學，也沒有人要我們去學傳統的音韻、訓
詁或文字學。以下引用大學二年級時日記裏的一段聽演講的紀
錄，說明社會科學在那時是如何向史學界進攻。

　　1967 年 4 月 20 日下午三點到五點，臺大大學論壇社邀請政
大政治學教授易君博（1921-2013）講〈歷史解釋與社會理論〉。
易君博先生是當時講政治學理論和研究方法的重要學者，也是《思
與言》雜誌的代表性成員之一。日記裏對這場演講有相當詳細的
紀錄。他說社會理論有建構的理論和實質的理論。所謂實質的理
論又分為科學的通則（generalization）、科學的定律（law）和科學
的原理（principle）三種。通則、定律和原理的區別在於解釋力和
適用範圍的大小。歷史工作不是一些紀錄的累積，也非單純的描
述，而必須作出解釋。歷史解釋要追求事實之間的因果關係，必
有賴於實質的社會理論。他說歷史工作者掌握的通則越多，觀察
的深度也就越深；反之，歷史將陷於一片混沌。通則又可分成嘗
試性和科學性的兩種。以前的歷史解釋都是根據未經經驗證明的
嘗試性通則，現在則應根據經過驗證，科學性的通則。在這一場
演講裏，他不但強調以社會理論作科學的歷史解釋的重要，甚至
反駁克洛齊（B. Croce, 1866-1952）認為一切歷史都是現代史，歷
史解釋皆主觀的說法。

　　可惜日記並沒有記下當時的感想。但在前後的日記裏，可以
看見我那時在兩種想法的衝擊下，左右搖擺。一種是科學可信，
真相可求；一種是對二者的懷疑。在讀梁啟超（1873-1929）的《歷
史研究法》後，日記裏寫道：

　　見他（按：梁啟超）自述考證玄奘西行求經出發年代，深感佩服。佩服他的一絲不苟，確切鑽研，不得真相不止的精神，佩服他具有科學方法的真本事。同時他使我發現任何定論仍皆可懷疑，任何問題皆不可放過，皆值得研究。

一方面佩服任公的追求真相和運用科學的方法，一方面又對過去所謂的定論表示懷疑。促使我懷疑的另一來源應是卡爾（E. H. Carr, 1892-1982）的《甚麼是歷史》（*What is History?*）。就在記錄易君博演講的前一篇日記裏，我提到讀《甚麼是歷史》的感想：

　　近讀 Carr: *What is History?*，書中曾對雅典民主發生懷疑。這和我以前的一個想法不謀而合。我認為我們現在對古史有一層史料不足徵的困難，愈在歷史起源的前端，愈是支離的片斷，而我們往往僅根據這些斷簡殘編，描繪出古史的一個甚於我們所能知的景況。這種景況中臆測多過事實。而這些臆測是由現在人的思想，想像當時可能的情形而來。而現在的思想的造成是由當今環境塑造的結果。如今的環境和過去的環境相去何止千里。正因為史料不足，對歷史想像應採慎重態度的重要，由此可見。

所謂「以前的一個想法」不過就是幾天前，約 1 月 20 幾日寫的另一篇一連四頁的日記，題目叫：「我們所唸的歷史是真的歷史嗎？」日記劈頭就寫道：

　　我時常懷疑我們研究的歷史到底有幾分是事實上的歷史？有歷史愛好傾向的人類似乎始終沉醉於歷代史家所留給我們的一長串可信的蒙昧中 …… 雖然近代以來，我們不斷希望從古地層中發掘一些更確鑿的證據，經過一個多世紀以來的努力，人類學家、社會學家、考古學家可以想見的在短期內仍然不可能改變，至多只能逐漸改善目前這種情況。把歷代相傳的史書就當作是我們的歷史，的確愚不可及。「歷史是史家偏見的集合」，把偏見奉為歷史，就是自古以來萬物之靈的傑作。

　　接著說道如何用比較的方法將史書中真實和虛偽的部分區分開來，並應將歷史送上解剖臺，記錄下解剖的經過和結果，免得後人重複同樣的解剖，也免得虛偽的成分再混入「已知接近真實的部分」。現在回頭看，當時顯然相信有真實歷史的存在。只是困惑於由不同環境塑造出來的現代人，如何可能還原古代的景況？更何況史料有闕，真偽難辨。對「科學的」人類學家、社會學家和考古學家也不是很有信心。

　　1970 年讀研究所，上研究實習。陶晉生師為我們請來政治學、社會學、人類學、心理學等等的學者，介紹這些學科最基本的方法。當時普遍相信，史學研究如果能夠借助社會科學的方法，以科際整合的方式，就可以建立起更理想的史學。所謂更理想，是指更合乎科學，甚至像社會科學一樣，能為歷史發展找出通則或規律來。自美國回臺的許倬雲和陶晉生，可以說是這一波以社會科學方法治史時期的代表。許師擔任臺大歷史系主任，強

調社會經濟史的研究；陶師恢復《食貨月刊》發行，協助食貨討論會，也以社會經濟史為主軸，使我們這一代的學徒受到很大的影響。[12]

不過，在史語所和臺大兩邊兼職的老師中，令我對史語所的「與時俱進」印象最深的不是上述新一代的留美派，而是老一輩由大陸來臺的人類學家芮逸夫先生。芮師一邊在史語所工作，一邊在臺大考古人類學系開設人類學方面的課程。他年事雖高，開設的課程竟然是當時歐美人類學界最時新的文化變遷（culture change）和行為科學（behavior science）。他所用的教本都是當時歐美最新出版的著作。令我印象深刻的是，芮師的書上用各種色筆劃滿了不同的重點，上課時依課本，一點一點講給我們聽。課上也會發下不少英文的相關論文，讓我當時竟有一種與世界人類科學同步前進的感覺。

基本上在這個階段，臺大或史語所的師長都留給我十分鮮明的印象，即歷史是一種可以借用社會科學方法找到真相的學問。不過，回顧日記，發現那時對「社會科學化」的歷史作品竟感到不滿。在 1967 年 11 月 7 日至 23 日之間某一天的日記裏（日記時有中斷，或未標明日期），我寫道：

> 今天的歷史家紛紛樹起科學的大纛，順應時代的潮流，於是歷史作品計量化，圖表化，公式化 …… 史家們迷失了。

12 參杜正勝，〈新史學之路 —— 兼論臺灣五十年來的史學發展〉，《新史學》13.3（2002），頁 21–20；王晴佳，《臺灣史學五十年》，頁 50–97。

他們在不完整的材料上所設立的統計數字，科學嗎？不證自
明。好了，假如歷史應有一些教育的功能，他們一方面當不
了科學歷史家，一方面連他們本來的價值也失去了。歷史作
品雖需由專門的史家去寫，但他們的作品應是人人都能體會
的作品，而不是只有專家寫的，只有專家才懂的圖表和統計
表。人人創造歷史，因此也必須有人人都懂的歷史作品……
歷史作品應是活生生有血有肉的東西，而不是白骨磷磷的湊
合。政治學、經濟學、社會學是歷史解釋和敘述的註腳，而
不就是歷史本身。

這些想法是從哪裏來的，已無跡可求。肯定不是從批評科
學史學的沈剛伯先生處得來。大學時雖上過沈剛伯先生的課，老
實說，對課的內容沒有留下甚麼印象。只記得上希臘史時，同學
希望他開參考書，他回說你們反正不會看，不必開了。他對科學
史學的質疑和對史語所代表的史料派的批評，完全是後來才知道
的事。

從現代到後現代：科學史學的挫退

不論如何，沈剛伯先生的質疑預言了此後二、三十年臺灣史
學最主要變化的方向，即由史料自己說話和社會科學治史的科學
主義時期，轉向歷史當代化的相對主義時代。

歷史學是如地質學一般的科學，這是科學主義時代的一種
信仰。這個信仰背後有一個基本預設，即每一個歷史事件都是客

觀的存在，都有其不變的原本的真相。透過科學的方法，歷史家可以將事實真相發掘或還原出來。誠如 1968 年沈剛伯在史語所四十一周年紀念會演講〈史學與世變〉中所指出，這樣科學主義的看法是歐洲第一次世界大戰以前的看法：「史語所成立的時候，世界潮流已開始變動，彼時還不十分顯著，可是後來就越變越大。到現在，那第一次大戰前所盛行的史學已難完全適用，而新的史學卻又未能確實成立，這是現在史學界所遭遇的大困難。」[13] 沈先生還指出史語所念茲在茲的史料本身「不管現在有甚麼好方法收集，總是永遠殘缺不全」，「人們親筆寫的日記、信札，有時也不見得全是真話」，史料既有缺，又不全可信，史學先天上即不可能「成為一門完全信而有徵的科學」。[14]

在科學主義盛行的年代，像我這樣的學徒除了在日記中喃喃自語，並不敢對科學史學公開表示懷疑。即使如沈先生在公開演講中，對史語所也只是委婉地「提醒」和「微言」（用杜正勝語）。[15] 據杜正勝分析，沈先生是傾向克洛齊和服膺柯靈烏（R. G. Collingwood, 1889-1943）的。沒想到這一路的想法後來波瀾壯闊，變成主流，將科學史學幾乎沖垮。

史語所近十幾二十年是所謂的「新結構下的新時代」，其中一個意義應該是一批批更新的留洋派又將新的概念和研究方向帶回國內。另一個意義是新人的舊學根底和史語所的前輩已有差距。

---

13 轉見杜正勝，〈史語所的益友沈剛伯〉，收入杜正勝、王汎森編，《新學術之路》，上冊，頁 433。

14 杜正勝，〈史語所的益友沈剛伯〉，頁 433。

15 杜正勝，〈史語所的益友沈剛伯〉，頁 432–433。

相對地來說，史語所前輩在歷史研究方面的成就，立基於傳統舊學根底的實多於西方的新方法或新觀念。要說有新成分，大概在論文寫作的形式和探究的課題上沾染西風，而與傳統條目式的考證有了距離。新一輩的同仁成長於西式的學制中，大多缺少傳統舊學的訓練，依賴「西學」的情形自然變得更為明顯。

大體上說，史語所這一時期的研究主流漸從社會經濟史和政治制度史轉向思想文化史、生活禮俗史、宗教史和生命醫療史等等方向。這背後除了留洋派，當然也有非留洋派如杜正勝對新社會史的提倡。新社會史內容的擬訂，曾有一個集議的過程。除了杜先生自己的想法，參加集議的有不少留洋派。他們對法國年鑑學派和韋柏（Max Weber, 1864-1920）等人的理論和著作，如我沒記錯，十分推崇。

西風引入的另一個例子是從思想史轉向文化史。當我還在臺大讀研究所時，林毓生先生從美回臺灣大學任教，引起一陣研究思想史的旋風。1986 年臺灣的清華大學成立歷史研究所，即以思想史和科學史為課程重點。大約於 1988 年前後，從林毓生學思想史的張永堂出掌所務，打算進一步設立思想史研究室。不過因為余英時先生的建議，改名思想文化史研究室。余先生在美國得風氣之先，知道西方學界已轉向文化史，當時臺灣談文化史的人還不多。我一度承乏史語所歷史組組主任，受到這股新潮流的影響，特別將思想史列為發展的一個目標。過去在史語所，思想史除附麗於經學史，如前輩黃彰健先生（1919-2009）所致力者，基本上是在研究主流之外。八零年代以後，所中研究思想史的同仁日多。令我印象深刻的是，文化史似乎於一夜之間即取代了思想

史的主流地位。所裏雖然有一個思想文化史研究室，但思想史在史語所，正像不久前一場文化史研討會的名稱，已成過眼繁華。

除了關注的焦點隨風轉移，背後的史觀也乾坤挪移，從尋覓客觀真相到解構真相，從還原歷史到歷史已死，一切主觀當代化。史學與科學的距離拉大，與文學、藝術趨近。

就我不可救藥的「前現代」眼光看史語所，史語所有些新近的一輩正將史語所後現代主義化。雖然仍有若干同仁堅守史料整理和傳統的研究領域，但似已非潮流之所在。不久前讀到李亦園先生（1931-2017）為王明珂新書寫的序。李先生的序言很可以反映這樣的轉變。李先生說：

> 我與本書作者王明珂先生應是相隔一世代的人，我的學術研究歷程是成長於一九七零年代以前，所以我對「民族」、「族群」等概念應是屬於「客觀文化特徵」派的；王先生的學術研究歷程是成長於一九七零年代以後的，所以他的「民族」、「族群」概念明顯是較偏於「主觀認同」派的。因此，朋友們與同行們，無論是與我同世代或比我年輕一兩世代的人假如看到我為王先生這本明顯是解構文化特徵的《羌在漢藏之間》的著作寫序，想必會為我捏一把冷汗。[16]

李先生覺得可能有人為他「捏一把冷汗」，正反映這背後意味著的是多麼劇烈的理論立場的改變。留美的王明珂只是新一輩的

16　王明珂，《羌在漢藏之間》（臺北：聯經出版，2003），頁 i。

一個例子。史語所的「與時俱進」正體現在新一輩同仁的著作裏。最近雖有稍老一些的同仁企圖「攔截後現代」，[17] 但「後學」如日中天，恐怕還不是誰一時攔截得了的。

此外，史語所最新的「變」莫若成立不過年餘的世界史研究室。成員全是留美留歐派，目前研究的內容是傅斯年所謂的「虜學」，甚至超出了虜學的範圍，與中國幾乎無關。他們將為史語所帶來甚麼變化，猶待觀察。

變中之不變

史語所這二、三十年儘管和過去一樣，隨著世界學術潮流起伏變化，總體來說，其七十餘年一貫的特色還沒有到喪失殆盡的地步。這也就是變中之不變。關鍵在史語所的成員一批批進所。誰能進所，總是由先進所的人所決定。傅斯年當年鳩集「同志」，有一定的標準。這個標準至今在徵選人才和編輯集刊的過程裏仍發生著相當的作用。因此，重視史料和依據史料說話的特色，在相當程度上仍能保持下來。寬鬆地說，今天史語所的成員沒有誰可以被劃入「史觀派」。不過，似乎也沒有誰承認自己是百分之百的「史料派」了。

史料派從一開始其實並不限於單純的史料整理和考證。依史料作出歷史解釋或「著史」，前輩同樣立下良好的典範。遠的如陳

17　黃進興，〈文本與真實的概念 —— 試論德希達對傳統史學的衝擊〉，《新史學》13.3（2002），頁 43–69。

寅恪不説，後來全漢昇（1912-2001）的《唐宋帝國與運河》，嚴
耕望的《中國地方行政制度史》都是代表作。繼續前輩的路子，
利用社會科學的方法以著史的則有許倬雲、陶晉生和毛漢光等。

　　除了方法，在研究方向上近二十年的確邁入多元開展的時
期。許多新課題的開發和壯大，例如思想文化、生活禮俗、宗教
和生命醫療史，杜正勝在談臺灣近五十年的史學發展一文中著墨
已多，這裏不再重複。[18] 以下想補充的是在多元開展之中，也有不
少同仁在傳統的研究領域內默默工作。他們似乎更能代表史語所
變中之不變。

　　所謂傳統的研究領域主要是指中國制度史、政治史、經濟
史、軍事史和文籍考訂等。這是自陳寅恪以降，史語所前輩如勞
榦、嚴耕望、全漢昇、陳槃（1905-1999）等最足以自豪，成果也
最豐碩的領域。近十幾二十多年來，在這些領域仍有同仁繼續努
力，例如：陳鴻森、朱鴻林（目前已離所）對明清經籍的考訂，
于志嘉、何漢威、范毅軍、邱澎生對明清軍制、法制和地理經濟
史的研究，洪金富（1946-2019）對蒙元制度史的研究，黃寬重、
柳立言對宋代軍事、法制和家族史的研究，黃清連、康樂、顏娟
英和劉淑芬對中古制度、佛教和社會史的研究，廖伯源對漢代政
治和軍事制度史的研究，杜正勝結合考古和文獻，對上古至先秦
政治社會史的研究，我自己則從漢簡和漢畫的整理出發，偏重政
治社會史的探討。還有些同仁如劉增貴等兼顧較多的領域，這裏
無法一一細説。

18　參杜正勝，〈新史學之路〉。

以上同仁的類似處在獨立研究的多，合作的少；穩紮穩打的多，崇尚新奇的少。他們在態度上不以理論為前提，偏重深入掌握史籍、方志、檔案、文集或出土的新資料，寫作上重某方面、某時期、某區域或某專題的深入探討，少於綜合通論。這些特色正是長期以來史語所史學研究整體特徵之所在。長處、短處都在這裏。

他們也多少反映了所中後輩與前輩的傳承關係。例如洪金富是姚從吾院士的弟子，繼續蒙元史的研究；何漢威是全漢昇院士的弟子，繼續明清經濟史的研究；廖伯源是嚴耕望院士的弟子，專注於漢代政治制度史；杜正勝是高去尋（1909-1991）和許倬雲院士的弟子，繼續以上古先秦史為園地。他們雖都曾留學或遊學國外，在課題的選擇和路數上，師門家法的影子卻較為清楚。這似乎也反證留不留洋不是決定性的因素；在他們身上，領域、課題、師門和個人取向更具關鍵性。

細繹以上同仁的研究，又不僅僅是繼承師門衣鉢而已，新的超越和開展也有不少。有些走的更為深入和細緻如洪金富、廖伯源和何漢威，有些拓展出前輩較少觸及的方面，如杜正勝走出政治社會史，另豎以生命和信仰為核心的新社會史大纛。顏娟英和劉淑芬對中古佛教造像和佛教社會史的探討，黃寬重對宋代地方武力的研究，柳立言對宋代法制和家族財產的剖析，于志嘉對明代衛所的深入分析，范毅軍從地理對明清江南市鎮經濟發展的微觀切入，則都有超出過去的新成就。更有超越意義的是范毅軍全心投入的電腦地理資訊系統，如果真能有效應用，相信會為傳統領域的研究帶來新的面貌。

　　儘管如此，或許由於風氣流轉，在以上這些領域工作的同仁多半較沉靜、寂寞而受忽略。相對於思想文化、生活禮俗、宗教和生命醫療史的熱鬧，近十餘年就個人記憶所及，除了國際漢學會議，所中似不曾主辦過任何政治、制度、經濟或軍事史的專題會議。傳統領域的沉寂並不等於成績遜色，或從此過時。下一波風，誰知道又會吹往哪個方向？

一點自省

　　史語所走過七十五年，自己充數其間已踰二十年。回首前塵，不免也會感染時風，左右搖幌。我總覺得史無定法，白貓黑貓，能捉老鼠就是好貓。對一些新說，無暇深究，偶而看上一眼，唯恐錯過擅捉老鼠的新貓。左顧右盼之後，一點小小的反省是史語所創所時的某些堅持，確實有歷久彌新的價值；某些新說，燦若流星，風尚一轉，隨即消散。

　　歷史學畢竟是歷史學，不是考古學、人類學、社會學、心理學、政治學或這些社會科學的集合。歷史學也不可能由這些社會科學所取代。歷史學是要從時間的角度，掌握歷史文化變化的軌跡，分辨它在不同時期，不同領域的核心與邊緣，尋繹推動變化的主力，勾勒出變化的主線和特色。歷史文化發展的本身，固可隨主觀的看法而歧異，畢竟是任誰也無法改變的客觀存在。客觀存在的核心，不會因一時主觀的議論而淪為邊緣；邊緣，也不因一時喧嘩而化為核心。判斷這一切的基礎在於史料及對史料的解釋。對史料的精確掌握和理解，正是歷史學者本事之所在。史語

所在這方面曾經有過的堅持，我深具信心。

　　前不久，洪金富出版《元代臺憲文書匯編》，王明珂以其新著《羌在漢藏之間》相贈。兩書並陳案頭，外觀煌煌，不相上下。內容與取向則南轅北轍。翻閱兩書，心中忽生一念：五十或一百年後，兩部大著的命運不知如何？西方史學進入中國已一百多年，有哪些百年中的新說化為塵埃，無人再提？又有哪些我們今天還在翻讀咀嚼？文章為不朽之盛事？自己今後應該寫點甚麼呢？離退休的日子屈指可數，心中惶恐，不禁冷汗一身。

　　以上僅是個人主觀的感受，不一定能準確地折射出大環境的變與不變。七十多年來，史語所走過抗戰、遷臺和戒嚴一連串時局動盪不安的年代。不安之中，史語所傾向將自己鎖在學術的象牙塔中。如今回想起來，如果不是以學術客觀為由，樹起與現實隔絕的壁壘，遭到政治介入和利用的情況可能更為嚴重。人非草木，關懷必有。歷史研究不可能無所關懷。關懷有大小長遠與眼前之別而已。如果認為研究應與社會脈動相結合，歷史的意義不過是主觀的再詮釋，隨時而浮動，我們能有甚麼武器防止自己淪為現實的工具？史語所應是一處獨立的殿堂，還是隨風起舞的論壇？頭白齒搖，未得其解。以前讀余英時先生的某篇文章，依稀記得他主張學術和政治應保持適當的距離。這個主張還是比較富於智慧。

策劃編輯　梁偉基

責任編輯　朱卓詠

書籍設計　a_kun

書籍排版　何秋雲

書　　名　真種花者：邢義田訪談錄

著　　者　邢義田口述　馬增榮筆錄

出　　版　三聯書店（香港）有限公司
　　　　　香港北角英皇道 499 號北角工業大廈 20 樓
　　　　　Joint Publishing (H.K.) Co., Ltd.
　　　　　20/F., North Point Industrial Building,
　　　　　499 King's Road, North Point, Hong Kong

香港發行　香港聯合書刊物流有限公司
　　　　　香港新界荃灣德士古道 220-248 號 16 樓

印　　刷　寶華數碼印刷有限公司
　　　　　香港柴灣吉勝街 45 號 4 樓 A 室

版　　次　2022 年 4 月香港第一版第一次印刷

規　　格　大 32 開 （140 mm × 210 mm） 192 面

國際書號　ISBN 978-962-04-4928-4